게임, 참지 말고 참전하세요

최정호 지음

PROLOGUE _ LOGIN 8

CHAPTER 1
게임하는 아이의 부모는 '이것'을 모른다

Level 1. 문제의 본질 25

Quest 1. 도대체 온라인 세계에서 무얼 하는 걸까요? 28
Quest 2. 요즘 아이들은 어떤 방식으로 게임을 즐길까요? 38
Quest 3. 게임에 몰입하는 몇 가지 이유 44
Quest 4. 선생님, 제 아이가 게임 중독인가요? 50

Level 2. 아이 발달 과정의 이해 58

Quest 5. 내 몸인데 왜 내 마음대로 안 될까요? 61
Quest 6. 게임 말고는 성취감을 못 느껴요 73
Quest 7. 말보다 행동으로 표현하는 나이입니다 86
Quest 8. 친구가 하자고 하니까 어쩔 수 없어요 94

CHAPTER 2
게임을 같이 하는 부모가 아이를 바꿉니다

Level 3. 게임 세계로의 찐입   104

Quest 9. 왜 같이 해야 할까요?   106

Quest 10. 아이 주변엔 '과몰입 모델'만 있습니다   113

Quest 11. 부모가 먼저 좋은 본보기가 되어주세요   120

Quest 12. 잔소리보다 행동으로 보여주세요   130

Quest 13. 같이 게임할 '적절한 타이밍'은 언제일까요?   139

Level 4. 게임 플레이어, 일전   146

Quest 14. 시간 규칙은 복잡할수록 좋습니다   148

Quest 15. 감정의 맥락을 이해해주세요   159

Quest 16. 플레이하는 방식 속에 아이의 내면이 담겨있습니다   171

Quest 17. 아이와 가까워지는 가장 좋은 방법은 게임을 하는 것입니다   192

Quest 18. 막연한 불안감은 같이 게임할수록 옅어집니다   200

Quest 19. 둘째는 너무 빨라서 더 어렵습니다   206

Quest 20. '현질'도 배움의 기회가 될 수 있습니다   217

CHAPTER 3
결국 버티는 부모가 아이를 지킵니다

Level 5. 문제 인식의 전환   228

Quest 21. 부모인 저 역시 문제가 있다고요?   230

Quest 22. 부모의 무의식엔 무엇이 존재하고 있을까요?   238

Quest 23. 내 마음에 안 드는 아이, 정말 문제일까요?   247

Level 6. 역할 재확인   254

Quest 24. 시간이 약이라는 말, 이제는 믿고 싶어요   256

Quest 25. 별나 보여도, 평범한 아이랍니다   263

Quest 26. 한마음 한뜻으로 함께 애써주세요   268

EPILOGUE _ LOGOUT   274

notes   279

일러두기

+ 이 책에서 언급하고 있는 게임은 '인터넷 게임'을 지칭합니다.
+ 본문 속 상담 사례의 모든 등장인물 이름은 가명이며, 일부 내용은 각색되었음을 밝힙니다.
+ 간단한 용어 설명은 장마다 '용어 상점'에, 참고 문헌은 책의 가장 마지막 'notes'에 표기했습니다.
+ 본문에 있는 캐릭터는 가공된 이미지이며 실제 게임 캐릭터와는 차이가 있을 수 있습니다.

PROLOGUE
LOGIN

 아이들은 틈만 나면 게임을 합니다. 그리고 게임을 한번 시작했다 하면 쉽사리 멈출 줄 모릅니다. 그냥 게임만 해도 될 텐데 자신의 캐릭터를 예쁘게 꾸미기 위해 현금으로 게임 머니를 사달라고 조릅니다. 또 아이가 친구와 같이 게임을 하는 경우에는 보이스톡이나 디스코드 음성 통화를 켜 놓고 어른들은 알아듣기 어려운 게임 용어를 주고받곤 합니다. 게임을 하지 않는 시간에는 게임 전문 유튜버들의 방송을 보며 게임을 더 재미있게 즐길 수 있는 방법을 학습기도 합니다. 학교에선 자신이 어제 했던 게임에 대해 친구들과 이야기하고, 그걸로도 부족해 방과 후에는 PC방으로 몰려가 또다시 게임에 접속합니다.

 더 나아가 아이들은 게임을 전문적으로 플레이하는 프로게이

머의 경기를 직관하기도 합니다. 2023년 11월, 서울 고척스카이돔에서 열린 °롤드컵 결승전이 그 예입니다. 이 경기를 직접 보기 위해 상당히 많은 사람들이 몰렸는데요. 입장 티켓 1만 8천 장은 티켓 오픈 10분 만에 매진됐고 암표 가격도 최대 10배까지 올랐다고 합니다. 직관에 실패한 만여명의 팬들은 경기 당일, 고척스카이돔이 아닌 광화문 광장에서 경기를 지켜봤습니다. 그들은 광화문 광장에 설치된 전광판으로 경기 영상을 보며 마치 2002년 월드컵 경기를 응원하듯 결승전에 오른 °T1을 응원했습니다. e스포츠 경기 응원을 위해 광화문에 사람들이 모인 것은 e스포츠가 생긴 이후로 이때가 처음이었다고 합니다.

이제 게임은 문화입니다. 적어도 아이들에게는 그렇습니다.

부모님들은 이해하기 어려울 것입니다. 게임을 시작하면 왜 멈추는 게 어려운지. 그렇게 즐거운 게임을 왜 부모가 통제할 수 있는 집 안에서만 하려 하지 않고 PC방에 가서 하려는지. 그리고 굳이 먼 곳까지 가서 게임 경기의 직관을 하려 하는지를 말입니다. 요즘 아이들에게는 게임이 문화라고 하는데 아이들에게는 그럴지 몰라도 부모에게는 해당되지 않는 이야기처럼 느껴질 것입니다.

롤드컵 현장 (출처 : 연합뉴스)

  게임을 집이나 PC방에서 플레이하는 것을 넘어 게임 대회 현장을 직접 찾아 경기를 관람하는 문화가 생긴 것은, 2000년대 초반 스타크래프트 경기를 방송에서 중계해주기 시작했을 무렵입니다. 현재 아이들이 브롤스타즈나 발로란트, 리그오브레전드 같은 게임을 즐기는 것처럼 저 역시 집에서 컴퓨터로 °스타크래프트를 하거나 TV로 경기 중계를 시청했고, 친구들과 모여 어제 있었던 경기에 대해 이야기하거나 PC방으로 몰려가 함께 팀플레이 경기를 했습니다. 하루 평균 4시간 정도는 게임을 했는데 학교 다녀와서 학원가기 전까지 2~3판 정도 맛보기 게임을 하고, 학원 다녀온 후엔 자기 전까지 본 게임을 했습니다.

주말에는 PC방에서 친구들과 7~8시간씩 게임을 하기도 했죠.

 게임이 생활의 중심이었기 때문에 해야 할 것들, 예를 들면 숙제, 제때 밥 먹기, 운동 등은 게임을 하는 시간으로 인해 자연스럽게 뒷전으로 밀려나기 일쑤였습니다. 당연히 어머니께서는 게임하는 제게 숙제는 했는지, 씻었는지 등 해야 할 것을 했는지 먼저 체크하시곤 했습니다. 할 일을 미루고 게임을 할 때면 뒤통수에 10분 간격으로 잔소리를 퍼부으셨지만 그 잔소리가 제 귀에는 하나도 들어오지 않았습니다. 아랑곳하지 않고 게임을 계속했어요.

 그래도 제 어머니는 다행히 인터넷 선을 뽑거나 컴퓨터를 부수지는 않으셨습니다. 친구 중에는 인터넷 선이 잘린 경우도 있었고 컴퓨터를 모두 포장해서 창고에 넣어둔 집도 있었는데요. 그렇게 게임하는 기계를 없애버리면 게임을 안 할 거라는 친구 부모님들의 생각과는 달리 대부분의 친구들은 게임을 포기하지 않고 여러 가지 경로를 통해 게임을 지속했습니다.

 제가 어머니로부터 게임 좀 그만하라는 잔소리를 들은 후, 20년 이상의 세월이 지났지만 게임하는 아이의 부모님들이 게임을 대하는 방식은 이전과 비교해 크게 변하지 않았습니다. 아마 대부분의 부모님들이 아이가 게임을 하고 있으면 해야 할 일들을 다 하고 게임을 하는지 확인할 겁니다. 제 어머니가 그랬듯이요. 여전히 부모는 아이들이 학교나 학원 숙제, 독서, 운동, 저녁 식사, 샤워 등 할 일을 다 한 뒤에 게임하기를 바라기 때문입니다. 아이가 해야 할 걸 다 했다 하더라도 자정 넘어 늦은 새벽까지 게임을 지속하도록 허락해주지는 않을 것입니다. 게임을 하더라도 취침 시간은 반드시 지켜야 하니까요.

그런데 상황은 부모의 바람대로 진행되지 않습니다. 게임을 하다가 할 일을 뒤로 미루는 바람에 아이들은 취침 시간이 다 돼서야 겨우 숙제를 시작합니다. 그러다 보니 졸음이 쏟아지는 아이들은 대충대충 억지로 문제를 풀면서 부모에게 짜증을 내거나 정답을 마음대로 찍곤 합니다. 그 모습을 지켜보는 부모님들은 하나같이 이렇게 말씀하시죠. "그러니까 게임 먼저 하지 말고 해야 할 걸 먼저 하라고 했지!"라고요.

아이들이 게임을 좋아하게 되는 시기는 공교롭게도 학교에서 요구하는 학습량이 늘어나는 시기와 맞물립니다. 학습량이 늘어나는 시기에는 자연스럽게 우리 아이가 남들보다 뒤처지면 안 된다는 부모의 불안도 커지기 때문에 부모는 아이가 다니던 학원의 수를 늘리게 되고, 수업 과목에 대한 공부뿐만 아니라 문해력을 위한 독서의 비중도 높이게 됩니다. 또한 아이가 성장기 한가운데에 있기 때문에 부모는 우리 아이의 먹는 것과 자는 것까지도 민감하게 신경 쓰게 되죠. 결국, 부모의 머릿속에는 아이들이 해야 할 것 사이에 게임을 포함할 여유 공간이 없습니다. 그렇기에 대부분의 부모님이 20년이 지나도 게임은 아이의 성장을 방해하는 골칫덩어리로 인식하고, 어떻게 해서든 못 하게 하거나 적게 하도록 만들어야 하는 통제의 대상으로 여기는 것입니다.

아이의 게임을 통제할 때, 보통 처음엔 강도가 약한 방법을 사용해 보고 효과적이지 않으면 강도를 높여갈 것입니다. 가정에서 게임 시간을 통제하는 상황을 예로 들어 볼게요. 약속한 시간이 되면 부모가 먼저 취하는 방법은 게임을 꺼야 할 시간 다 됐다고 알려주는 것입니다. 그러나 아이는 게임을 멈추지 않고 "10분만 더하게 해달라."는 말을 자연스럽게 합니다. '10분만 더'의 요구에 몇 차례 응하고 나서도 아이가 게임을 끄지 않는다면 짜증과 분노를 섞어 잔소리하게 될 거예요. 이 과정을 여러 번 반복하고 나면 부모는 게임을 못 하게 할 때마다 감정 소모가 너무 크고 아이에게 끌려다니는 것 같아 비효율적이라는 깨달음을 얻게 됩니다. 결국 부모는 통제의 강도를 높이기 시작합니다. 프로그램을 활용해 아이의 스마트폰이나 PC 사용 시간을 원격으로 통제하는 것이죠.

˚시간제한 프로그램을 사용하면 부모는 아이에게 잔소리할 필요 없이 스마트폰 자체의 사용 시간 또는 아이가 주로 플레이하는 게임의 사용 시간을 미리 설정해 자동으로 게임을 종료시킬 수 있습니다. 또한 거리가 멀어도 원격으로 시간 통제가 가능하니 처음 프로그램을 쓰시는 부모님들은 이제 한시름 놓았다고 안심합니다. 하지만 그것도 잠시, 아이들은 게임을 하던 중 사용 시간이 한도에 다다르면 부모에게 시간을 좀 더 늘려달라고 조르기 시작합니다. 세련된 방법을 쓰면 통제가 가능할 줄 알았는데, 시간을 늘려달라고 요구하는 아이 때문에 감정 소모를 또다시 반복하게 됩니다.

아이들은 부모에게 시간을 풀어달라고 조르는 것이 잘 안 먹히면 스스로의 힘으로 시간제한을 풀어낼 방법을 찾습니다. 가장 단순한 방법은 몰래 부모의 스마트폰을 켜서 직접 시간제한을 푸는 것입니다. 아이들은 부모의 비밀번호를 알고 있는 경우가 많기 때문에 정말 막다른 길에 몰리면 이 방법을 종종 사용합니다. 하지만 이 방법은 너무 티가 나고 부모에게 발각되기가 쉽기 때문에 시간제한 기능을 우회하는 방법을 쓰는데요. 시간제한이 설정된 앱을 켜지 않고, 링크를 통해 해당 웹사이트를 방문하는 방법입니다. 대표적으로는 카카오톡 메시지로 게임 영상 유튜브 링크를 전달받아 영상을 보는 방법이 있습니다. 이 방법으로 유튜브를 보면 유튜브 앱이 아닌 카카오톡 앱을 사용한 것으로 계산되기 때문에, 유튜브 사용 시간을 모두 소진하고도 추가로 카카오톡을 활용해 게임 영상을 볼 수 있게 됩니다. 게임은 못하더라도 게임 영상을 보면서 게임을 하고 싶은 욕구를 해결하려 하는 것이죠. 하지만 이런 우회 방법도 결국 부모가 다 알아차릴 수밖에 없기 때문에 부모님들은 결국 스마트폰이나 PC를 압수하는 방법으로 게임할 수 있는 방법을 원천 차단합니다.

초등학생 자녀를 둔 부모님 중에는 아직까지 부모의 통제를 아이들이 수용하고 잘 따르고 있어서 어려움이 없지만, 훗날 아이가 컸을 때도 통제를 잘 따를지 걱정하는 분들 있을 것입니다. 초등학교 고학년 아이의 부모라면 아이가 부모의 통제를 요리조리 피해 다투거나 때로는 힘으로 맞서는 등 게임으로 인한 갈등이 이미 본격화되어 마음고생을 하고 계실 수도 있습니다.

아이가 중·고등학교에 다니고 있다면 게임 때문에 아이와 다투는 기간이 오랫동안 지속되어 무기력감과 우울감을 느끼기도 하실 거예요. 이 시기의 부모는 이 방법, 저 방법 다 사용해도 문제가 해결되지 않기 때문에 결국 아이의 게임 관련 문제에서 손을 놓기도 합니다.

아이가 자신의 일상생활 루틴을 유지하면서 스스로 할 일을 미리 한 후에 게임을 한다면 어느 부모가 게임을 못 하도록 무조건 막겠어요. 아이가 그렇게 원하는 게임을 무작정 못 하게 통제하면서 아이와 다투고 싶어 하는 부모는 아마 단 한 분도 없을 것입니다.

게임 좀 그만하라고 잔소리하고 나면 무척 속상하셨을 거예요. 말을 듣지 않아 혼내고 나면 아이에게 너무 심한 말을 한 것 같아 미안한 마음도 드셨을 거고요. 스마트폰을 못 하게 압수했다면 '원래 이렇게까지 하려고 했던 것은 아닌데' 하면서 후회도 하셨을 것입니다. 무조건 강압적으로 통제하는 것이 게임 문제를 더욱 심화시킬 뿐, 그다지 효과적이지 않다는 것을 알면서도 그렇게 할 수밖에 없는 것이 현실이라고 생각하셨을 겁니다.

폭발적으로 성장하고 있는 시기에 충분히 잠을 자고 균형 잡힌 식사를 제때 하는 것은 매우 중요합니다. 학업의 양이 많아지기 때문에 그날 배운 것을 그날 정리하지 않으면 나중에 몰아서 밀린 공부를 하기란 쉽지 않죠. 아이들은 아직 스스로의 행동과 욕구를 조절하기에 서툰 시기이기 때문에 부모가 아이들 삶에 개입해 불필요한 건 치워주고 부족한 것은 메워줘야 합니다. 여기에서 그치지 않고 아이들이 자신의 강점을 효과적으로 발휘하며 살 수 있도록 일찍부터 지원해줄 수 있다면 더욱 좋겠죠. 이러한 맥락에서 아이들이 게임에 빠져있을 때 곁에 있는 부모님들의 적절한 개입 및 역할이 매우 중요합니다.

 적절한 개입은 단순히 정해진 시간 동안만 게임하도록 통제하는 것을 넘어서는 개념입니다. 일상생활에 지장을 주지 않는 범위 내에서 게임을 즐기도록 하는 시간 통제의 개입뿐만 아니라 게임을 할 때 보이는 과격하고 거친 행동을 스스로 조절할 수 있도록 돕고, 게임하는 아이의 모습을 바탕으로 아이의 성향과 욕구를 파악해 급속도로 성장하는 아이에게 맞춤 대응을 해주는 넓은 개념의 개입을 포함하죠.

**"게임을 못 하게 막느라 아이가 어떤 생각을 하고
어떤 마음인지 신경 쓸 여유가 없어요."**

 게임 때문에 아이와 갈등을 경험하고 있는 부모님들이 비슷하게 하는 이야기입니다. 어떻게 하면 '오늘 해야 할 숙제를 하게 할까', '제때 자게 할 수 있게 할까', '게임을 제때 끄게 만들 수 있을까' 등이 주된 관심사이기 때문에 아이의 내면보다 게임하는 행동에 초점을 맞출 수밖에 없거든요. 하지만 이렇게 아이의 게임을 통제하는 것에만 급급한 일상을 보내다 보면 아이를 이렇게 키우는 것이 맞는지 의구심이 드는 순간이 찾아옵니다. 게임 문제에서 벗어나 아이의 요즘 관심사는 무엇인지, 학교생활은 어떤지, 어떤 장점을 갖고 있는지, 어떤 성향의 아이인지 파악해 아이가 건강한 어른으로 성장하는 데에 도움을 주고 싶지만 현실은 게임에 빠져 있는 아이와 티격태격하느라 바쁩니다.

 게임하는 아이를 변화시키기 위해 그동안 가정에서 사용해온 방법들을 이제는 바꿀 때가 되었습니다.

**'아이와 함께 게임하는 부모들은
아이를 완전히 다르게 키웁니다.'**

 어떻게 하면 게임을 좋아하는 아이의 삶에 적절하게 개입할 수 있을지 알지 못한 채 오랜 기간 동안 그저 못 하게 막는 방식으로 게임을 통제해오셨다면 조금 다른 접근법을 제안 드립니다. **지금부터 아이가 좋아하는 게임을 같이 해보세요.** 지금과는 다른 방식으로 아이를 키울 수 있습니다. 게임 시간을 정하는 방식이 완전히 새로워질 것입니다. 또 아무리 잔소리해도 바뀌지 않았던 아이의 말과 행동에도 변화가 일어날 거예요. 아이가 어떤 생각을 하고, 마음 상태는 어떤지 헤아릴 수도 있고요. 전보다 아이를 더 잘 이해할 수 있을 것입니다.

 게임을 못 하게 막는 게 아닌 게임을 같이 하라는 저의 솔루션이 생소하고, 선뜻 마음에 들지 않을 수 있습니다. 괜찮습니다. 저는 게임하는 아이들의 부모님들을 오랜 기간 상담해오면서, 그리고 많은 부모님들을 대상으로 강연하면서 동일한 솔루션을 말씀드려왔는데요. 처음에는 모두들 내키지 않는 반응이었지만, 여러 성공 사례를 전해드리고 점차 개선되는 아이의 모습을 직접 경험하게 해드리며 설득해왔습니다. 지금부터 그동안 제가 만난 여러 아버님, 어머님들의 마음을 움직였던 방법으로 독자 여러분의 마음을 움직여볼까 합니다.

이 책은 크게 총 3개의 챕터로 나뉘어져 있습니다. 첫 번째 챕터에서는 게임에 빠진 아이를 자세히 이해할 수 있도록 게임하는 아이들의 특성과 게임에 몰입할 수밖에 없는 이유들을 설명해드립니다. 우리 아이가 어떤 이유와 마음으로 게임을 하는지 알게 되면 게임을 통제하기 위해 그동안 사용했던 효과적이지 않았던 방법들을 변화시킬 마음의 준비가 될 것입니다.

두 번째 챕터는 아이와 같이 게임하는 부모는 아이를 어떻게 키우는지에 대한 내용을 담고 있습니다. 못 하게만 막았던 게임을 부모가 왜 함께 해야 하는지 설명하고, 같이 게임을 하다 보면 양육 방식이 어떻게 달라질 수 있는지를 구체적으로 알려드릴 것입니다.

세 번째 챕터에는 이 책을 읽고 계신 부모님들 본인을 위한 이야기를 담았습니다. 변화의 대상은 결국 아이들이지만 아이 못지않게 부모도 애를 많이 써야 합니다. 아이가 변화되는 과정에서 여러분이 포기하지 않고 잘 버틸 수 있도록 마음의 여유를 찾는 방법들을 소개해드리겠습니다.

자, 준비되셨다면 저와 함께 한 챕터씩 천천히 나아가보시죠.

용어 사전

· 롤드컵
게임사 '라이엇게임즈'가 직접 개최하는 리그오브레전드 e스포츠 대회 중 마지막을 장식하는 세계 대회로서 리그오브레전드 월드 챔피언십의 약칭으로 사용하고 있습니다. 8개 지역의 최상위권 클럽 팀들 중 세계 1위 팀을 뽑는 대회이기 때문에 리그오브레전드의 줄임말인 롤과 월드컵을 합쳐 롤드컵이라 부릅니다.

· 현질
현금을 지불하여 게임 공간 안에서 사용할 수 있는 게임 머니를 구매하는 행위를 말합니다.

· T1
리그오브레전드 월드 챔피언십에서 여러 차례 우승한 한국의 대표적인 e스포츠 팀으로 대표 선수로는 '페이커(Faker)' 이상혁이 있습니다.

· 스타크래프트
게임사 블리자드가 개발한 전략 시뮬레이션 게임으로 1998년 우리나라에 출시되자마자 엄청난 열풍을 일으켰습니다. e스포츠 산업이 성장하는 데에 기반이 되었던 게임으로 일컬어지고 있습니다.

· 시간제한 프로그램
특정 앱이나 기기의 사용 시간을 설정하고 관리할 수 있도록 돕는 도구입니다. 대표적인 프로그램으로는 안드로이드 전용의 패밀리 링크와 모바일 펜스, 아이폰 전용의 스크린 타임, 그리고 마이크로소프트 운영 체제 PC에서 사용 가능한 패밀리 세이프티 등이 있습니다.

CHAPTER 1

게임하는 아이의 부모는 '이것'을 모른다

LEVEL 1
문제의 본질

아이들은 게임을 한번 시작하면 시간 가는 줄 모르고 게임에 몰입합니다. 그 몰입도가 상당한 나머지 시간의 흐름을 잘 인지하지 못해 할 일을 잊어버리곤 하죠. 게임 외에는 어떤 것도 머릿속에 떠오르지 않는 것처럼 보이기도 합니다. 게다가 게임에서 이기거나 졌을 때 과격한 말이나 거친 행동을 할 때도 있습니다. 그런 모습을 본 부모는 걱정스러운 마음에 게임을 마치기 무섭게 주의를 주지만, 아이는 자신의 잘못을 인정하지 않습니다.

어릴 때만 해도 부르면 즉각 대답하고 달려오던 아이였을 것입니다. 숙제하자고 하면 싫어하는 티를 내면서도 하던 것을 멈추고 책상에 앉았을 것이고, 예쁜 말만 골라 해서 너무나도 사랑스러웠을 거예요. 그랬던 내 아이가 갑자기 대답도 잘 안 하고, 해야 할 것에 관심을 전혀 두지 않으며, 폭력적인 행동을 하는 날이 잦아졌다면 이러한 당황스러운 변화를 일으킨 원인은 바로 게임이라고 생각할 수밖에 없을 것입니다.

그러한 상황에서 걱정스러운 마음에 아이의 게임 시간을 확 줄이거나 아예 금지 시켜보려 해도 아이들은 부모의 노력과는 달리 어떻게든 게임을 하고야 맙니다. 부모의 스마트폰을 몰래 가져가서 하거나 스마트 TV를 켜 유튜브로 게임 영상을 보기도 하고, 학원을 마친 후 몰래 PC방에 가면서까지 게임을 손에서 놓지 않으려 합니다. 이런 방법마저도 통제를 당한다면 아이는 본인도 모르게 부모에게 폭력적인 말을 내뱉거나 방 안에 있는 물건을 던지고 부수면서 다시 게임을 하게 해달라고 더욱 거칠게 투쟁을 하기도 하죠. 아이가 보이는 부정적인 행동의 원인이 게임인 것 같아 게임을 못 하게 하면 문제가 해결될 줄 알았는데 오히려 더 심각해지는 경우가 많습니다. 그 이유는 아이가 게임을 하는 행동 그 자체가 문제의 본질이 아니기 때문입니다.

이와 같은 문제를 겪고 있는 부모님들께서 상담에 찾아오시면, 저는 이렇게 말씀드립니다. 중요한 것은 아이들이 **게임을**

할 때 드러내는 행동이 아니라 게임을 하게 되는 근본적인 이유
들이라고요. 그러면 많이들 놀라십니다. 게임 시간을 줄일 수 있는 효과적이면서 현실 적용 가능한 방법을 알고 싶어 상담실을 찾는 분들이 많으시기 때문입니다. 그런 분들에게 "게임 시간을 줄이는 것보다 더 중요한 건 게임을 할 수밖에 없는 이유들에 먼저 관심을 갖는 것입니다."라고 말하는 꼴이니, 예상과 다른 답변에 처음에는 많이 당황하시더라고요.

아이들이 왜 게임 속으로 들어가게 되는지, 왜 게임을 하며 부정적인 언어나 폭력적인 행동을 하게 되는지 깊이 헤아리지 않고 아이의 게임 시간을 통제하거나, 기기를 압수하는 경우가 대부분일 것입니다. 이러한 방법이 처음에는 효과가 있지만 보통은 일시적일 확률이 높습니다. 거듭 말씀드리듯 중요한 건 게임 문제가 왜 생겨나는지 근본적인 원인을 알아차리는 것입니다.

게임, 또는 게임하는 아이에 대한 그동안의 관점을 조금만 바꿔본다면 아이의 행동을 더 많이 이해할 수 있고, 문제 상황에 개입하는 방식 또한 지금과 많이 달라질 것입니다.

Quest
1. 도대체 온라인 세계에서 무얼 하는 걸까요?

 스마트폰은 크기가 작고 휴대하기 간편하기 때문에 언제 어디서든 비교적 쉽게 온라인 세상에 접속할 수 있습니다. 잠깐 켰다가 끄더라도 티가 나지 않아 몰래 무언가를 하기에도 용이합니다. 아이들이 PC로 무언가를 하면 멀리 떨어져 있어도 모니터로 무엇을 하는지 확인할 수 있지만 스마트폰은 사용하는 현장을 덮치지 않으면 확인하기 힘들어요. 화면이 작아 잘 보이지 않는 데다가 무얼 하는지 부모에게 들키고 싶지 않아 자기만 겨우 확인할 수 있도록 스마트폰 화면 밝기를 낮춰서 사용하기도 하거든요.

 물론, 아이들이 스마트폰으로 무엇을 하는지 알게 된다고 해도 곧바로 아이들을 통제할 수 있는 건 아닙니다. 뭘 하는지 알기 때문에 오히려 더 속이 상하기도 하죠. PC 사용도 마찬가지입니다. 스마트폰과 달리 PC로는 무엇을 하는지 큰 모니터를 통해 확인할 수는 있지만 통제가 더 쉬운 것도 아닙니다. 그렇다면 도대체 아이들은 때로는 숨어서, 때로는 대놓고 온라인 세상 안에서 무얼 하는 걸까요?

아이들이 주로 머무는 스마트폰과 PC 속 세상은 기능에 따라 크게 네 가지의 세계로 나눌 수 있습니다. 각각의 세계는 서로 닮은 부분이 있어 완벽하게 구분하기는 어렵지만, 대표적인 특징을 기준으로 소개해드리겠습니다.

첫 번째, 미디어 세계

아이들이 주로 사용하는 미디어 서비스는 유튜브입니다. 요즘 아이들에게는 인기 있는 것은 영상 콘텐츠 종류와 상관없이 영상의 길이를 1분 이내로 편집해 올리는 '숏폼(Short-form)'이에요. 유튜브 용어로는 '숏츠'라고 하죠. 10분 이상의 긴 영상을 의미하는 '롱폼(Long-form)' 영상과 달리 광고도 붙지 않아 손가락으로 스크롤만 내리며 다양한 영상을 끊임없이 볼 수 있습니다.

유튜브가 사전에 제작한 영상을 시청할 수 있도록 하는 데 기능이 집중되어 있다면, 실시간 라이브 방송에 최적화되어 있는 앱은 'SOOP(구 아프리카TV)'입니다. SOOP은 누구나 자신의 콘텐츠를 실시간으로 송출할 수 있는 플랫폼이라고 볼 수 있습니다.

SOOP에서 실시간 방송하는 사람을 '스트리머'라고 부르는데요. 스트리머들이 라이브 방송을 할 때 시청자들은 채팅을 통해 자신의 의견을 전달할 수 있고 스트리머는 그중 일부를 읽고 답을 해주기도 합니다. 이뿐만 아니라 °별풍선이라는 SOOP 머니를 스트리머에게 보낼 수도 있죠. 유튜브의 롱폼이나 숏폼 영상을 시청하는 것과 다르게 양방향 소통이 보다 활발하게 일어나는 것이 SOOP의 특징입니다.

미디어 세계에서는 큰 에너지 소모 없이 넋 놓고 재미를 느낄 수 있습니다. 특별한 조작이라고는 손가락으로 다음 영상을 누르거나 앞으로 10초, 뒤로 10초 가기 버튼을 누르는 것, 때때로 댓글을 달거나 채팅창에 하고 싶은 말을 쓰는 일밖에 없죠. 보통 시간적 여유가 생겼을 때 빠르고 쉽게 시간을 때우기 위한 목적으로 미디어 세계를 찾는데요. 단순한 행동만으로도 재미를 느낄 수 있기 때문에, 신체적·심리적 에너지가 많이 부족한 상황에서 스트레스를 해소하고자 할 때에도 이를 이용하는 경우가 많습니다.

두 번째, SNS 세계

SNS는 사용자들이 자유롭게 정보를 공유하고 소통할 수 있는 세계입니다. SNS에선 사진이나 짧은 영상 게시물을 업로드해 다른 사람들에게 보여줄 수도 있고, 반대로 다른 사람들의 게시물을 볼 수도 있어요. 친구들과 떨어져 있을 때도 여러 사람들이 모여 있는 온라인 공간으로 쉽고 빠르게 이동해 또래 친구들은 무얼 하고 사는지, 좋아하는 연예인들은 어떤 곳에 다녀왔는지, 요즘 유행하는 패션은 어떤 것인지, 무엇이 인기인지 이런 것들을 쉽게 확인할 수 있는 것입니다.

페이스북, 스레드, X(구 트위터) 등 다양한 서비스가 있는데요. 그 중 아이들이 주로 이용하는 것은 '인스타그램'입니다. 아이들이 특별히 선호하는 인스타그램의 게시물 형태는 '릴스'라는 영상 게시물인데요. 이는 유튜브의 숏츠처럼 숏폼 형태의 영상 서비스라고 할 수 있습니다. 이 역시 아이들은 한번 보기 시작하면 숏츠처럼 시간 가는 줄 모르고 한참을 머무르곤 합니다.

게다가 인스타그램에는 °DM 기능이 있어 다른 사용자와 메시지를 주고받을 수도 있습니다. 요즘 아이들은 새로운 사람을 만났을 때 어떤 방식으로 연락처를 교환할까요?

 흥미로운 조사 결과 하나를 소개해드리겠습니다. 우리은행에서 만 14세부터 18세 청소년 3,729명을 대상으로 조사해 발간한 틴즈 보고서[1])에 따르면 응답자의 70.3%가 전화번호 대신 SNS 계정을 공유한다고 응답했습니다. 그리고 그중 97.5%의 응답자는 자신이 교환하는 SNS 계정으로 인스타그램을 선택했습니다. 어른들은 카카오톡으로 메시지를 주고받는 반면, 요즘 아이들은 부모와 연락하거나 학급 단체 채팅방처럼 공적인 대화를 나눌 때만 카카오톡을 사용하고요. 친한 친구와 사적인 대화를 할 때는 주로 인스타그램으로 DM을 보냅니다. 지금은 너도나도 모두 인스타그램으로 메시지를 전달하기 때문에 특별한 이유가 없다면 당연히 사적 대화는 인스타그램 DM 기능을 사용해 전달하는 추세입니다.

 사진 또는 숏폼 형태의 다양한 게시물을 볼 수도 있고, DM을 통해 대화도 나눌 수 있기 때문에 아이들이 인스타그램에 머무르는 시간은 점점 늘어나고 있습니다. 이렇게 SNS에 머무는 시간이 늘어나게 되면 아이들이 자극적인 영상을 접하거나 타인과 자신을 비교하며 심리적 불편감을 느끼게 될 가능성이 높아지는데요. 이러한 이유로 최근 미국, 캐나다, 유럽, 호주 등의 국가들은 아동·청소년의 정신건강을 해치고 있는 SNS로부터 아이들을 보호하려는 조치를 취하기 시작했습니다. 예를 들어 SNS 사용 연령을 제한하거나 밤에는 사용할 수 없도록 수면모드를 적용하게 하고, 1시간 이상 사용 시 앱 종료 알림을 보내게 하는 것이죠. 우리나라 역시 다른 나라들의 사례를 검토해 규제 방안을 마련하고 있는 중이라고 합니다.

세 번째, 메신저 세계

말 그대로 자신의 생각이나 감정을 언어나 기호로 주고받는 세계입니다. 이 속에서는 글이나 이모티콘, 영상, 이미지를 주고받는 것뿐만 아니라 음성 대화까지 가능합니다.

아이들은 카카오톡과 디스코드, 그리고 앞서 SNS 세계에서 소개해드린 인스타그램을 주로 사용하는데요. 특히 디스코드는 단순히 메시지를 주고받거나 음성으로 통화하는 것을 넘어서 커뮤니티 기능이 강화되어 있는 앱이에요. 메신저 앱에 포털 사이트의 카페 기능을 합쳐 놓은 것이라고 보시면 될 것 같습니다. 사용자가 관심 분야의 커뮤니티 서버를 개설하면 해당

서버에 들어온 참여자들과 채팅이나 음성 통화로 관심 분야에 대해 활발하게 소통할 수 있습니다.

 디스코드가 커뮤니티 기능을 제공하고 있는 것처럼 메신저 앱은 사용자가 요구하는 부가적인 기능을 접목하여 그 모습을 조금씩 바꿔가고 있습니다. 앞서 소개한 틴즈 보고서에 따르면 응답자의 84.1%가 메신저로서 인스타그램을 사용한다고 답했을 정도로 SNS와 메신저의 경계가 모호해지고 있는 것처럼 말입니다. 메신저 세계는 앞으로 단순히 음성과 문자, 이미지로 대화하는 것을 넘어 내가 이미 알고 있는 사람들 혹은 나와 관심사가 같은 사람들과 더 깊이 연결되고 싶은 욕구를 적극적으로 해결하도록 돕는 방향으로 그 모습이 다양하게 변화할 것으로 생각됩니다.

네 번째, 게임 세계

 게임은 아이들의 성취감에 대한 욕구를 해결해주기도 하고, 학업으로 인한 스트레스를 해소해주기도 하며, 반복적이고 단순한 삶 속에서 긍정 정서를 최대한 많이 느끼게 도와주는 즐거움의 세계입니다.

게임은 모바일 게임과 PC 게임으로 종류가 나뉩니다. 두 가지 기기에서 모두 할 수 있는 게임도 있지만 대부분은 각각의 기기에서만 플레이할 수 있도록 만들어져 있어요. 스마트폰과 PC가 지원하는 성능이 각기 다르기 때문이죠.

모바일 게임은 PC게임과 비교해 조작이 쉬운 편입니다. 왜냐하면 모바일 게임은 최대 2개의 손가락만 움직여도 플레이가 가능하기 때문입니다. 반면 PC 게임은 마우스와 키보드 조작으로 플레이를 해야 해요. 특히 키보드를 조작할 때는 5개의 손가락 모두를 사용하는 경우도 있습니다. 아직 손이 작고 소근육이 덜 발달된 초등학생들은 한 손으로 키보드를 누르면서 동시에 다른 한 손으로 마우스 클릭도 해야 하는 이 작업을 다소 어려워합니다. 그러다 보니 **초등학교 저학년 때에는 모바일 게임을 주로 하다가 고학년으로 가면서 PC 게임으로까지 영역을 넓혀 플레이하는 경향**을 보입니다.

아이들이 많이 하는 대표적인 모바일 게임에는 '브롤스타즈', PC 게임은 '발로란트', '리그오브레전드'가 있습니다. '로블록스'나 '마인크래프트' 등은 스마트폰과 PC 모두에서 할 수 있도록 지원하고 있어 아이들은 취향과 상황에 따라 기기를 선택해 플

브롤스타즈
슈퍼셀에서 만든 모바일 액션 게임으로, 귀여운 캐릭터들이 짧은 시간 동안 팀을 이뤄 싸우며 실력을 겨룹니다.

마인크래프트
모장 스튜디오가 개발한 블록 기반 샌드박스 게임으로, 집과 도시를 만들고 탐험하며 플레이어가 창의력을 마음껏 발휘할 수 있습니다.

로블록스
로블록스 코퍼레이션이 만든 온라인 샌드박스 플랫폼으로, 게임을 직접 창작하거나 다른 이용자가 만든 게임을 즐길 수도 있습니다.

발로란트
라이엇 게임즈에서 만든 5대5 팀 기반 1인칭 슈팅 게임으로, 캐릭터 고유 능력과 전략이 승부를 좌우합니다.

리그오브레전드
라이엇 게임즈가 만든 팀 기반 전략 게임으로, 다섯 명이 한 팀이 되어 상대 진영을 무너뜨리는 것을 목표로 합니다. 빠른 판단력과 팀워크가 중요한 게임으로 전 세계 e스포츠 팬들에게 인기가 높습니다.

아이들이 즐겨하는 게임들

레이할 수 있습니다.

　다양한 욕구와 상황 속에서 **게임을 하는 아이들은 게임이라는 하나의 세계에만 머무르지 않습니다. 미디어, SNS, 메신저 등 다른 세계를 함께 사용하며 게임을 즐깁니다.** 하지만 그 중심에는 게임이 있습니다. 게임과 관련한 영상을 보거나 게임이라는 공통 주제로 소통하기 위해 대화를 주고받는 것이죠.

　단순하게 아이들이 온라인 세상에서 시간을 허비하고 있다고 여기기 전에, 먼저 그것을 바라보는 관점을 바꾸어 주시는 것이 중요합니다. 게임이 아이 삶의 중심으로 자리 잡은 하나의 세계라는 것을 받아들여 주세요. 그럼 이제 아이들이 각각의 온라인 세계를 어떻게 연결지어 복합적으로 게임을 즐기는지에 대해 설명해드릴게요.

용어 상점

·별풍선
시청자가 스트리머에게 보내는 유료 후원 아이템으로, 현금처럼 사용됩니다.

·DM
Direct Message의 약자로 상대에게 비공개 메시지를 보내는 기능을 말합니다.

Quest
2. 요즘 아이들은 어떤 방식으로 게임을 즐길까요?

아이들에게는 두 부류의 친구가 존재합니다. 먼저 현실에서 상호작용하는 친구가 있습니다. 아이들은 이를 가리켜 실제 친구, 줄여서 '**실친**'이라고 부릅니다. 이와 달리 현실에서 직접적으로 알지 못하지만 디스코드 커뮤니티에서 친해졌거나 게임 속에서 만나 친해진 친구가 있습니다. 아이들은 게임 친구라는 말을 줄여 이를 '**겜친**'이라고 불러요.

실친끼리는 카카오톡이나 문자, 인스타그램 DM을 주고받다가, 게임이 시작되면 자연스럽게 전화나 보이스톡을 이용해 음성 대화로 전환하여 소통합니다. 한 명과 게임하는 경우도 있지만 여러 명이 게임하는 경우에는 함께 이야기를 나눌 수 있는 보이스톡을 주로 이용합니다.

젬친과는 게임의 채팅 또는 디스코드 채팅 기능을 사용해 이야기를 나눕니다. 서로 연락처나 메신저 계정을 모르는 경우가 많기 때문이죠. 몇몇 게임들은 음성 채팅 기능을 지원하고 있고 디스코드 또한 음성 통화 기능이 있어 많이 가까운 젬친과는 음성 대화를 나누는 방식으로 소통하는 경우도 있습니다. 젬친으로 만나게 되었지만 게임을 하면서 친해지면 연락처를 주고받기도 하고 실제로 오프라인에서 만나 실친으로 발전하기도 합니다.

메신저를 활용해 친구와 함께 게임을 하든, 소통하지 않고 혼자서 플레이하든 게임을 다 마치고 나면 많은 아이들이 공허함을 느끼는데요. 이러한 찝찝한 마음을 달래고자 아이들은 자연스럽게 유튜브나 SOOP을 켭니다. 거기에서 유명 유튜버 또는 스트리머들의 영상을 보며 플레이 방식을 학습하거나, 자신보다 더 멋지게 플레이하는 모습을 보며 대리만족을 느끼죠. 그러고 나서 인스타그램으로 넘어와 게임 릴스를 보거나 자신이 좋아하는 프로게이머, 유튜버의 게시물을 봅니다. 선후는 언제든 바뀔 수 있습니다. 미디어 앱으로 게임 영상을 보다가 유튜버가 알려준 게임 플레이 방식을 시도해보고 싶어 게임을 켜기도 하고, 혼자 플레이하는 것이 지겨워지면 친구에게 메신저로 말을 걸거나 SNS로 DM을 보내 음성 통화를 하며 같이 게임을 즐길 수도 있죠.

친구들과 함께 음성 통화를 하며 게임을 할 때는 아이들이 평소 부모님 앞에서 보이지 않았던 모습을 너무나도 자연스럽게 드러냅니다. 집에서 게임을 하고 있음에도 게임에 몰입하면 부모에게는 꼭꼭 숨겨두었던 언어적, 행동적 습관이 튀어나오기 때문이에요.

부모 입장에서는 그동안 우리 아이는 집에서 하듯 학교에서도 조용하고 차분하게 생활할 것이라고 생각하기에 게임하며 비속어를 쓰거나 소리를 지르고 흥분을 주체하지 못하는 아이의 행동을 접할 때마다 당황하며 '문제는 게임'이라고 생각할 것입니다. 평소에는 괜찮은데 '친구들과 게임만 했다' 하면 내가 알던 아이가 아닌 다른 아이로 변하는 것 같기 때문이죠.

게임을 직접 플레이하지 않더라도 아이가 즐겨 보는 게임 방송에서 비속어라든지 거친 표현들이 들려오면 유튜버나 스트리머들이 사용하는 표현들 때문에 우리 아이의 언어 습관이 조금씩 안 좋아지고 있다고 생각하실 수 있습니다. 이와 함께 디스코드 음성 채팅을 통해 실체를 알 수 없는 겜친들과 게임에 대한 이야기를 오랫동안 지속하는 아이가 걱정되실 수도 있습니다.

 게임하는 아이에 대한 걱정이 쌓이다 보면 결국 부모님들은 게임을 플레이하지 못하도록 막는 것뿐만 아니라, 스마트폰이나 PC 자체의 이용 시간을 제한하는 것이 최선이라는 결론을 내리게 될 것입니다. 앞서 말씀드린 것처럼 아이는 온라인 속 대부분의 세계에 직·간접적으로 발을 걸쳐놓고 게임을 즐기기 때문에 어느 하나를 막는다고 해서 문제가 완전히 해결되기는 어려울 것 같다고 생각하기 때문입니다.

 하지만 단순히 **아이의 행동을 통제하려고만 하거나, 기기의 사용 시간만을 제한하는 방법은 오랜 기간 실패를 거듭해왔습니다.** 아이들이 추가 시간을 얻어내기 위해 조르거나 떼를 쓰기도 하고, 화를 내거나 반항하는 태도를 보이면 결국 제한한 시간을 다시 풀어줄 수밖에 없었던 경험들, 한 번씩은 있으셨을 거예요. 10분만 더 하겠다는 아이의 요구에 못 이겨 결국 추가로 시간을 늘려주다가 시간 규칙이 의미 없어질 정도로 많은 시간 동안 게임을 하게 되어 아이에게 휘둘린 자신을 자책하는 경우도 참 많습니다. 시간제한 프로그램을 다양한 방법으로 우회하거나 부모의 스마트폰을 몰래 열어 제한된 시간을 풀어버린 아이에게 실망감을 느끼고 혼내셨던 분들도 계실 것입니다.

아이들이 부모의 통제를 요리조리 피하면서까지 게임을 이어나가는 이유를 알아내기 위해서는 아이가 어떤 온라인 세계에 머물며 게임을 즐기고 있는지를 유심히 살펴보셔야 합니다. 아이들 **각자의 욕구, 심리 상태, 현재의 환경에 따라** 게임을 즐기는 방식이 **달라지기 때문입니다.**

친구들과 일상적인 대화를 나누고 웃고 떠들며 연결되어 있는 느낌을 경험하고 싶어 게임을 하는 아이가 있고, 다른 사람보다 자신이 뛰어나다는 것을 끊임없이 확인하고 싶어 게임하는 아이도 있습니다. 학교에서 친한 친구가 없어 얼굴도 연락처도 모르는 겜친이라도 사귀기 위해 디스코드로 음성 통화를 하며 게임하는 아이도 있죠. 또 게임을 할 때 부족한 플레이 방식을 개선하고 싶어 게임 영상을 공부하듯 시청하며 게임 속에서 여러 가지 시도를 해보는 아이들도 있습니다.

온라인 속 각각의 세계는 마치 퍼즐 조각처럼 아이 내면에 생긴 빈 공간에 딱 들어맞는 각기 다른 특성을 갖고 있어요. 무엇이 부족하기에 내면의 빈 공간을 채우려고 하는지에는 관심을 갖지 않고, 스마트폰이나 PC를 사용할 때의 행동이 못마땅하다는 이유로 무조건 기기의 이용 시간만 제한해왔기 때문에 아이들이 쉽게 변화되지 않았던 것입니다. 심리적 허전함은 채우지 못한 채 강압적으로 통제만 받는다면 어느 누구라도 통제하는 대상에게 대항할 수밖에 없을 거예요.

게임을 못 하게 막는 것에 에너지를 소모하기보다 먼저 아이들이 **어떤 이유로 게임을 찾게 되는지 그 이유에 집중해보시면 좋을 것 같습니다.** 그래야 아이의 상태에 걸맞은 개입이 가능해질 수 있어요. 다음 장에서 아이들이 게임을 하는 이유를 조금 더 구체적으로 설명해드릴게요.

3. 게임에 몰입하는 몇 가지 이유

 아이들이 게임에 몰입하게 되는 이유는 크게 3가지로 나뉩니다. **첫 번째는 심리적인 이유**입니다. 아이들은 학년이 올라가면서 학습의 양이 많아지기 때문에 매년 더 많은 학원에 가거나, 더 많은 숙제를 해야 합니다. 많으면 하루의 절반 가까이 학습하며 지내기도 하죠. 공부하는 것을 좋아하는 아이는 이런 하루도 괜찮을 수 있겠지만, 공부하는 것이 싫고 흥미를 못 느끼는 아이들에게는 깨어있는 시간의 절반을 그저 견디고 참으면서 보내야 합니다. 공부가 싫은 아이들은 하루하루가 괴로울 것입니다. 괴로움을 벗어나고자 하는 것이 인간의 본능이기 때문에 아이들은 자동으로 하기 싫은 것은 최대한 나중에 하고 재미를 느낄 수 있는 대상을 먼저 찾을 수밖에 없습니다. 그 대상이 게임이 되는 겁니다.

친구들 무리에 속해 **또래들과 잘 지내고 싶어 하는 욕구** 또한 게임을 하게 만드는 심리적인 이유 중 하나입니다. 모두 게임을 하는데 자신만 하지 않는다면 친구들과 섞이기 어렵겠죠. 단순히 유행을 따르는 것을 넘어 자신이 게임을 잘하고 게임 정보도 많이 알고 있다면 친구들 사이에서 중요한 역할을 하는 사람으로 자리매김할 수 있습니다. 이렇게 사이좋게 지내면서 자신이 친구들에게 중요한 존재라고 인식되는 것이 아이들에게 심리적 안정감을 주고, 또 공부로 인한 괴로움을 상쇄시킬 만큼 큰 만족감을 주기 때문에 아이들은 쉽게 게임을 끊어내지 못하는 것입니다.

두 번째는 발달상의 이유입니다. 아이들이 게임에 푹 빠져 사는 시기는 정신과 육체가 폭발적으로 자라나는 시기이기도 한데요. 특히 이때 급속도로 발달하는 것이 아이들의 뇌입니다. 뇌는 신체를 움직이기 위한 핵심적인 기관임과 동시에 심리에도 중요한 영향을 미치는 기관입니다. 따라서 뇌가 성장하고 있는 아이들은 이전과는 다른 감정적 반응을 보입니다.

예를 들어 뇌가 자라는 아이들은 아무렇지 않게 넘기던 친구의 장난에 지나치게 화가 났다가도 시간이 지나면 급격히 미안함을 느끼곤 합니다. 또 부모로부터 '제발 좀 조용히 해라.', '가만히 좀 있어라.'라는 핀잔을 반복적으로 들을 만큼 흥분을 조절하기 어려워하기도 하죠. 이뿐만 아니라 예전에는 앞에 나서는 것을 좋아했었지만 최근 들어 갑자기 사람들이 자신에게 집중하는 것이 참을 수 없이 부끄러워 가능한 남들 눈에 띄지 않으려 갖은 애를 쓰기도 합니다.

 이렇듯 뇌가 성장하고 있는 아이들은 다양한 감정을 느끼지만 상황에 맞게 감정을 조절하는 것을 어려워합니다. 그래서 답답함을 아주 많이 느끼죠. 예전에는 그렇지 않았는데 점점 성격이 이상해지는 것 같고, 나만 그렇게 생각하는 것이 아니라 부모님도 자신을 이상하다고 여기는 것 같아 속상함을 느낍니다. 특별히 무언가를 한 것도 없는 것 같은데 부모님은 있는 그대로의 현재 내 모습을 수용해주지 않고 자꾸만 어린아이 때의 모습으로 돌아가길 요구하는 것 같은 느낌도 듭니다.

 이처럼 감정 조절이 힘들어 자기 자신이 낯설어진 성장기 아이들에게 게임이란, 현재의 괴로움을 잊고 아무 생각 없이 몰입할 수 있게 해주면서도 복잡한 마음을 신나고 재미있게 바꿔주는 존재입니다.

마지막은 부모의 양육 방식입니다. 상담을 해보면 부모가 아이의 요구를 대부분 수용해주며 지나치게 허용적인 태도로 키우거나 아니면 아이의 삶을 강력하게 통제할 때 아이가 게임에 깊이 빠져드는 경우가 많았습니다.

먼저 지나치게 허용적인 양육 태도는 아이가 해도 될 것과 하지 말아야 할 것 사이의 경계를 부모가 명확하게 만들어주지 못해 자라나는 아이들이 혼란스러움을 느끼게 합니다. 아무리 아이가 원하는 것을 최대한 들어주는 부모라 하더라도 아이가 게임하는 시간이 점점 길어진다면 이대로 자유롭게 내버려 두다가는 아이가 영영 게임에서 헤어 나오지 못할 것 같다는 불안감이 생기기 마련인데요. 그런 마음이 들면 부모는 갑작스럽게 아이의 게임 생활을 통제하게 됩니다. 이때 아이는 일상생활에서 일관성 있게 통제를 받던 다른 아이들보다 부모의 행동에 훨씬 적응하기 힘들어합니다. 어떤 때는 게임을 마음대로 하게 해주었다가, 어느 날은 예고도 없이 게임을 못 하게 막으니 앞으로 부모가 어떻게 행동할지 예측하기가 어렵기 때문입니다.

이뿐만 아니라 집에서는 뭐든 다 해도 되는데 학교에 가서는 수업 시간에 게임을 하지 못하도록 하니 학교생활에 적응하는 것도 힘들어집니다. 집에서 할 수 있는 것과 학교에서 허용되는 것 사이의 간극이 매우 크기 때문이죠. 이처럼 가정과 학교에서 경험하는 반복적인 혼란스러움으로 인해 아이는 게임에 더 깊이 빠져들게 됩니다.

 다음으로 강력하게 통제하는 양육 방식은 부모가 정해놓은 엄격한 규칙에 아이들이 지속적으로 의문을 갖게 합니다. 충분한 설명 없이 엄격하기만 하며 융통성 없는 방식으로 게임을 통제하는 기간이 길어지면 '왜 나만 게임을 못 하지?'에서 시작한 의문은 '우리 엄마는 내가 좋아하는 걸 무조건 못 하게 해.'라는 생각으로 바뀌며 부모에 대한 불만을 만들어냅니다. 결국 아이는 답답한 일상 속에서 어떻게든 숨 쉴 구멍을 찾기 위해 노력하게 되는데요. 그 방식이 부모와 직접적으로 맞서는 방식일 수도 있고, 티 나지 않게 숨어서 몰래 하는 방식일 수도 있습니다. 이렇게 **지나치게 내버려두거나, 지나치게 간섭하는 양극단의 양육 태도는 아이들이 게임과 쉽게 친해지고 빠져나오기 어렵게 만드는 요인이 됩니다.**

 이제 조금씩 아이들이 게임을 하는 숨겨진 이유들이 보이시나요? 시간을 통제하는 단순한 방식에서 한 걸음 물러나 게임하는 여러 이유에 대해 알게 되니 마음이 복잡해지실 수도 있습니다. 시간을 통제하는 방법은 게임을 몇 시간으로 제한할지, 어떤 시간제한 프로그램을 사용할지, 아이가 말을 듣지 않으면 어떤 방식으로 설득할지 등에만 초점을 맞추면 되지만, 아이의 상황에 따른 대처법은 경우의 수가 다양하고 방식도 여러 갈래로 뻗어 있으니까요. 하나하나 바꾸고 해결하려면 시간도 걸리고 많은 노력이 필요할 것 같다는 생각도 드실 것입니다. 그런 생각이 드신다면 이제야 비로소 출발선에 도착하신 것입니다. 저와 같이 한 걸음씩 나아가다 보면 그 도착점이 선명하게 보일 겁니다.

Quest
4. 선생님, 제 아이가 게임 중독인가요?

　게임 문제로 상담실을 찾아오는 아이는 대개 부모가 상담을 신청한 경우입니다. 자발적으로 찾아온 것이 아니기에 아이들은 자신이 왜 상담을 받아야 하는지 알지 못한 채 상담실에 오게 되죠. 미리 상담받게 될 거라고 설명하면 아이가 거부할 것 같아 상담이 예약되어 있는 당일 아침에야 아이에게 이야기해주는 부모도 있고, 잠깐 따라오라고 데리고 나와 상담실 문 앞에서야 앞으로 상담을 받게 될 것이라고 말해주는 부모도 있습니다.

　이렇게 상담실에 끌려온 아이와의 첫 만남은 언제나 긴장됩니다. 지금 이 상황이 무척이나 짜증 나고, 싫다는 기색을 아이가 팍팍 풍기기 때문입니다. 자신은 아무런 문제가 없다고 생각하는데 부모님이 자신에게 문제가 있다고 생각해 상담을 신청했으니 상담실에 앉아 있는 것이 얼마나 화가 나고 싫겠어요. 물론 게임과 관련한 이야기를 하면 아이는 언제 그랬냐는 듯 금세 밝은 표정을 드러내지만, 언제라도 자기 마음에 들지 않으면 연락도 없이 상담실에 오지 않을 가능성이 있기 때문에 저는 아이가 저와의 상담에 흥미를 가질 수 있도록 매 회기 애를 참 많이 씁니다.

이렇게 비자발적으로 상담실에 들어온 아이에게 종종 "너 오늘 여기 왜 왔는지 알고 있니?"라고 질문합니다. 아이들은 주로 이렇게 대답합니다. "게임 중독인 것 같아서요." 그러면 다시 질문하죠. "너 스스로도 게임 중독인 것 같아?" 그러면 아이는 "부모님이 제가 게임을 많이 해서 게임 중독이래요."라고 대답합니다.

아이가 게임에 심하게 몰입한다 싶을 때 게임에 중독된 것 같다고 생각하시는 부모님들이 많습니다. 마약이나 술에 중독된 것과 동일하게 생각해 그렇게 말했다기보다는 아마도 게임을 너무 오래 하고 제때 스스로 종료하지 못하는 아이의 성향이나, 부모의 만류에도 게임을 지속하다 부모와 멀어지는 안타까운 상황을 압축적으로 표현한 것이겠죠.

또 한 가지, 조심스럽게 말씀드리자면 아이가 게임에 중독된 것 같다는 생각은 부모 내면에서 아이에게 가졌던 기대와 관심을 거둬들일 합리적인 이유를 찾는 것에서 비롯되었다고도 할 수 있습니다. 그렇게 하면 아이와 부딪치는 횟수를 줄이고 아이의 행동이 다소 만족스럽지 않아도 게임에 빠져 있는 행동을 조금은 쉽게 수용할 수 있기 때문입니다. 이뿐만 아니라 그동안 가정에서 사용했던 방법만으로는 어렵겠다는 결론을 내리기 위해 '중독'이라는 증상으로 아이를 판단하는 것일 수도 있습니다.

하지만 아이를 게임 중독의 영역에 가두면 시간이 지날수록 오히려 부모의 마음은 점점 더 불편해집니다. 빨리 문제를 해결해야 할 것 같아 마음이 조급해지기도 하고, 스스로의 행동을 조절하지 못하는 아이를 보며 실망감도 많이 느끼기 때문입니다. 그리고 아이와 부딪치는 횟수가 오히려 더 늘어나기도 합니다. 게임에 중독된 것 같다고 이야기하는 부모에게 아이가 예의 바르고 공손하게 행동하기란 쉽지 않기 때문이죠. 아이에 대한 관심을 줄이거나 신경을 아예 안 쓰고 살면 모를까 가정에서 매일 마주 보고 부대끼며 함께 살아야 하는 가장 가까운 관계이기 때문에, 아이를 게임에 중독되었다고 규정하게 되면 그 순간부터 문제 상황은 더욱 심각해질 수 있습니다.

 중독이라고 치부해버리는 순간, 문제를 해결하는 방법은 전문가에게 의지하는 것뿐입니다. 진료를 받고 약을 복용하거나 치료 프로그램에 참여하고 심리상담을 받는 것이죠. 이런 상황이 되면 가정 내에서 부모의 역할은 상당히 축소됩니다. 중독은 부모가 노력해서 해결할 수 없으며, 전문가의 도움으로만 해결이 가능하다고 생각하는 경향이 강하기 때문입니다. 즉, 아이들이 게임에 빠져 있는 모습을 중독으로 단정 지어 버리면 부모의 지원과 보살핌, 도움이 절실히 필요한 아이들의 마음은 계속 공허해질 수밖에 없습니다.

 물론 적당히 게임해서는 만족감을 느끼지 못하고 게임을 하느라 학교도 가지 않으려 하거나 자신의 행동에 문제가 있는 것을 알면서도 행동 조절이 잘되지 않는, 보다 어려움이 심한 아이들이 있습니다. 타이르고 화도 내보고 무시를 해봐도 문제가 점점 심각해지곤 하죠. 이런 아이들에게는 전문적인 치료와 상담이 반드시 필요합니다. 그러나 아이가 외부의 도움을 받는 상황에서도 부모 역할의 중요성은 변하지 않습니다. 아이를 기관이나 전문가에게 맡긴다면 그들이 알아서 해결해 줄 것이라는 생각은 경계해주세요.

 더불어서 문제가 있다는 프레임에 아이를 가두면 결국 게임으로 인해 발생하는 문제의 원인과 결과는 고스란히 아이의 책임으로 돌아가게 됩니다. 행동 조절에 실패하는 원인과 조절의 실패로 발생하는 결과 모두를 아직 여러 영역에서 미숙함이 많은 아이가 온전히 책임지게 한다는 것은 다 자라지 않은 아이에게 무리한 요구를 하는 것입니다. 그러니 이제부터는 게임으로 인해 생겨나는 문제를 아이 개인뿐만 아니라 부모도 함께 애써 해결해야 할 문제로 여겨주시기 바랍니다.

 상담을 하다 보면 부모의 도움과 적극적인 노력이 정말 중요하다는 것을 항상 느낍니다. 아이가 병원에서 치료를 받거나 상담사에게 상담을 받는 것은 아무리 길어야 한 시간 이내입니다. 보통은 1주일에 1회 혹은 그것보다 드물게 병원이나 상담실에 방문하죠. 그 시간을 제외한 나머지 대부분의 시간 동안 아이는 게임을 못마땅하게 여기며 게임하는 자신이 문제라고 이야기하는 부모와 생활하며 지냅니다. 전문가가 아이를 돌보는 시간은 생각보다 굉장히 짧습니다. 아무리 위대한 의사도, 능력

있는 상담사도 제한된 시간에 아이들을 만날 수밖에 없기 때문에 가정에서 부모가 도와주지 않으면 결과가 좋을 수 없습니다.

경우에 따라서는 언어가 사고를 제한하기도 합니다. 게임에서 벗어나지 못하는 아이의 행동을 게임 중독이라고 생각하면 자연스럽게 알코올 중독, 마약 중독, 도박 중독과 동일 선상에서 게임 문제를 이해하게 될 것입니다. 그리고 **게임 중독이라는 단어를 입 밖으로 내뱉는 순간 그 용어에 맞는 방법들로만 해결할 수 있다고 생각**하게 되실 거예요.

중독이라는 용어에 갇히지 말고 자라나는 시기에 아이가 반드시 경험하는 자기 조절에 관한 문제라고 생각해보시죠. 게임 중독이라고 생각할 때보다 현재의 문제를 해결하기 위한 방법이 훨씬 다양해질 것입니다. 게임을 좋아하는 아이들은 부모가 애정과 지지를 바탕으로 자신을 이해하기 위해 노력해주기를 원하고 있습니다. 변화의 문으로 들어가는 열쇠는 이 책을 읽고 있는 여러분이 쥐고 있다는 걸 기억해주세요.

게임 중독, 더 깊이 이해하기

게임이 중독을 일으키는 물질인지 아닌지, 과도하게 게임을 하는 행위가 의학적으로 중독인지 아닌지에 대해서는 전문가마다 의견이 분분합니다.

미국정신의학협회(APA)라는 곳에서 발행하는 정신질환 진단 및 통계 매뉴얼(Diagnostic and Statistical Manual of Mental Disorders, DSM)이라는 것이 있는데요. 이는 다양한 정신 질환을 어떻게 진단할 것인지에 대한 기준을 담고 있습니다. 미국뿐만 아니라 우리나라 병원에서도 여기에 제시된 기준에 따라 정신 질환을 진단할 정도로 권위가 있는 매뉴얼이라고 할 수 있어요. 이 매뉴얼에서는 게임에 심하게 몰입되어 있는 증상을 인터넷 게임 장애라는 것으로 소개하고 있는데요. 아직은 연구가 부족하고 전문가끼리의 합의가 덜 된 상황이라 정식 장애로 분류하고 있지는 않습니다.

또한 세계보건기구(WHO)에서는 2022년부터 게임 이용 장애를 질병으로 분류하고 있지만 우리나라에서는 이러한 WHO의 기준을 받아들일지 말지를 두고 현재 전문가들끼리 논의 중에 있습니다. 따라서 질병으로서 게임 중독을 진단할 근거는 아직 부족하다고 할 수 있어요.

이 책을 읽는 동안만큼은 아이가 게임하며 보이는 다양한 문제를 중독에 따른 것으로 생각하기보다 아동·청소년기에 자연스럽게 겪게 되는 여러 문제 중 하나로 시각을 넓혀 생각해주시면 좋을 것 같습니다.

아이 발달 과정의 이해

 간혹 어떤 부모님들은 신체도 웬만큼 발달한 것처럼 보이고, 대화도 원활하게 하며, 기본적인 학습 능력도 어느 정도 갖추었다고 생각하면서 우리 아이가 다 컸다고 착각하곤 합니다. 그런데요. 다 자랐기 때문에 무엇이든 스스로 잘할 수 있을 것이라는 부모의 기대는 때론 아이들이 보여주는 행동을 이해하기 어렵게 만듭니다.

 그 정도 잔소리를 했으면 알아들을 만도 한데, 혼날 걸 뻔히 알면서도 아이들이 게임을 지속하는 이유는 스스로 자기 자신의 생각과 감정, 행동을 효과적으로 조절하지 못하는 불가피한 이유가 있기 때문입니다.

어른은 아무리 하고 싶은 게 있어도 해야 할 것 앞에서는 아이와 비교해 참을성을 더 잘 발휘합니다. 화가 나더라도 아이처럼 자신의 감정을 아무 때나 표출하는 어른은 많지 않죠. 또 게임이 아무리 좋아도 회사에 다니고 있다면 밤을 새워가며 게임을 하지는 않습니다. 성장 중인 아이와 모두 성장한 어른은 **자기 조절력**에 있어 큰 차이를 보이기 때문입니다. 따라서 어른의 자기 조절력을 기준으로 아이의 행동을 평가하면 부모는 답답함과 불안함, 더 나아가서는 아이에 대한 분노의 감정까지도 느낄 수 있습니다.

자라나는 과정 중에는 피할 수 없이 그동안 경험하지 못한 다양한 욕구를 느끼게 되는데요. 때에 따라 욕구가 좌절되는 경험을 반복하다 보면 내면에 심리적 결핍이 생겨나기도 합니다. 이때 만난 게임은 일상에서 쉽게 채워지지 않는 마음의 빈자리를 메워주고 새롭게 생겨난 욕구를 쉽고 빠르게 해소하도록 도와줍니다.

머리로는 아이가 아직 자라는 과정이라고 생각하면서도 내심 어른처럼 행동해주기를 기대하고 있는 것도 사실일 겁니다. 그런 내 아이가 많은 영역에서 부모의 희망 사항과 달리 아직 미숙한 존재라는 걸 알게 된다면 아이를 대하는 부모의 온도도 달라질 수도 있겠죠. 아이들을 대할 때는 그들이 **한창 성장 중이라는 사실을 꼭 기억해주세요.**

Quest
5. 내 몸인데 왜 내 마음대로 안 될까요?

아이들의 게임 사용 시간이 부쩍 늘어나게 되는 계기 중 하나는 부모가 아이 스스로 게임 시간을 조절하도록 믿고 맡겼을 때입니다. 부모가 언제까지 아이를 쫓아다니면서 시간 다 됐다고 알려줄 수 없으니, 아이 스스로 약속을 지키고 게임 절제 능력을 키울 수 있도록 기회를 주는 것이죠. 이와 함께 부모가 느끼기에 자신이 아이의 삶에 지나치게 간섭하는 것 같아 통제적인 모습이 싫어 옥죄었던 통제의 끈을 조금은 느슨하게 해주려는 목적도 있을 것입니다.

하지만 아이 스스로 게임 시간을 조절하도록 자유를 주는 경우 부모의 의도와는 다르게 아이는 그동안 못 했던 게임을 몰아서 하듯 스스로를 통제하지 못하는 모습을 보이곤 합니다. 보다못한 부모는 다시 시간제한 프로그램을 활용하는 등 게임 시간을 통제하거나 게임 좀 적당히 하라는 잔소리를 할 수밖에 없게 되죠.

의도를 갖고 아이가 자유롭게 게임을 하도록 하는 경우도 있지만, 부모의 통제나 간섭이 미치지 못해 어쩔 수 없이 게임을 하도록 내버려두는 경우도 있습니다. 바로 맞벌이를 하는 가정의 경우입니다. 부모가 맞벌이를 하면 방과 후 내 아이가 집에 혼자 있는 시간 동안 무엇을 하는지 실시간으로 확인하기 어렵습니다. 집에 혼자 두지 않으려고 부모의 퇴근 시간에 맞춰 아이가 집에 올 수 있도록 학원을 여러 군데 보내는 경우도 있지만, 그렇다 하더라도 부모와 멀리 떨어져 있는 아이들을 통제하는 것은 쉬운 일이 아닙니다.

시간제한 프로그램을 통해 멀리서도 아이의 스마트폰 사용을 제한하려 하지만 설정해둔 시간이 다 돼 더 이상 게임을 하지 못하면 아이는 부모에게 수시로 전화를 걸어 시간 한도를 늘려달라고 요구하게 됩니다. 업무로 정신없는 상황이거나 반복적으로 게임을 더 하게 해달라는 전화를 받으면 부모는 어쩔 수 없이 게임 시간을 늘려주게 되는데요. 그럴 때마다 우리 아이는 왜 이렇게 절제력이 부족한지, 나는 왜 아이의 요구에 자꾸만 휘둘리는지 답답함을 많이 느끼실 거예요.

또, 아이가 원 없이 게임을 할 수 있도록 내버려 두면 결국 질려서 게임을 적게 할 거라는 주변의 조언을 듣고 주말에 하고 싶은 만큼 게임을 하라고 허용해주는 경우도 있습니다. 부모가 지나치게 시간을 통제하면 아이는 더욱 반발심이 생겨 게임을 더 오래 하고 싶어질 수 있기 때문에 질릴 때까지 게임을 하도록 그냥 둬보는 실험도 한 번쯤 해보셨을 거예요. 그런데 **문제는 아이가 게임에 쉽게 싫증을 느끼지 않는다는 것입니다.** 계획대로라면 밤새워 게임을 한 후 피곤하고 질려서 게임을 중단하거나 다른 놀이를 해야 하는데, 질리기는커녕 신나서 밥도 안 먹고 잠도 안 자면서 하루 종일 게임만 하는 상황이 펼쳐질 수 있습니다. 설령 중간에 잠시 그만하게 되더라도 아이는 다음날이 되면 새사람이 된 것처럼 다시 게임에 몰입합니다.

후회스러워서 다시 게임을 적게 하도록 게임 시간을 통제하면 아이 입장에서는 자유롭게 하라고 할 때는 언제고 갑자기 게임을 못 하게 하니 심하게 반항을 하기도 합니다. 이 경우에는 자유롭게 게임하도록 하기 이전보다 게임을 통제하기 더 어려워질 수 있어요.

 부모는 종종 착각합니다. 스스로 책가방을 챙기고, 하루 스케줄 정도는 스스로 세울 줄도 알고, 학교나 학원에서 수업도 잘 듣고 부모와 자연스럽게 대화를 하는 등 이전보다 인지 능력이 발달한 내 아이에게 신뢰를 바탕으로 약속을 하면 어른처럼 변화될 것이라고 기대하는 것이죠. 하지만 이는 어른의 기준으로 아직 성장 중인 아이를 다 컸다고 오해하는 것이기 때문에 이렇게 맺은 약속은 번번이 깨지고 맙니다.

 이처럼 자기 스스로 할 줄 아는 것이 많은 것처럼 보여도 아직 배우고 알아가는 단계의 아이들이 게임에 관하여 스스로 계획하고 행동할 수 있도록 하기 위해서는 가정 내에서 여러분이 취하는 방법들이 아이의 **자기 조절력**을 키우는 데에 도움이 되는가를 먼저 살펴보셔야 합니다. 해야 할 숙제를 다 못 끝냈다면 게임을 하고 싶더라도 꾹 참을 수 있고, 부모와 약속한 시간이 되었을 때는 게임을 멈추며, 게임하는 동안 차오른 분노의 감정을 잘 다스리는 것은 모두 자기 조절력이 하는 일이라고 볼 수 있습니다.

기질적으로 자기 조절력을 발달시켜나갈 양분이 많은 아이는 게임을 하면서 부모와 갈등을 경험하는 일이 아무래도 적을 것입니다. 그러나 아무리 기질적으로 타고난 아이라 하더라도 부모의 도움 없이는 자기 조절력을 효과적으로 키워나가기는 어렵습니다. 게임을 지나치게 좋아해 부모와 갈등이 잦은 아이는 더더군다나 부모의 도움이 필요할 테고요.

이와 관련해 2019년에 네덜란드에서 진행한 흥미로운 연구[2]가 있습니다. 부모가 아이를 키울 때 어떠한 요인들이 아이의 자기 조절력 발달에 영향을 미치는지를 분석한 °메타 분석 연구인데요. 191개의 연구 논문을 분석한 결과, 10~22세의 아동·청소년들이 자기 조절력을 길러 나가는 데 있어 중요한 요인은 **긍정적인 양육**과 **끈끈한 부모-자녀 관계**인 것으로 나타났습니다.

게임에 몰입하고 있는 아이를 긍정적으로 양육한다는 것은 아이가 부모의 말에 집중할 수 있는 상황에서, 아이가 더 나아지기를 바라는 마음을 담아 주의를 주는 방식입니다. 아이가 게임을 하면서 욕을 하거나 소리를 지를 때 아이가 듣든 말든 반복적으로 '시끄럽게 소리 지를 거면 앞으로 게임하지 마', '왜 매번 이렇게 욕을 하니?'와 같은 말을 불쾌한 감정을 섞어 전달하는 방식과는 정반대인 것이죠. 이를 실생활에 적용할 수 있도록 예시를 들어보겠습니다.

"엄마가 아는 민수는 예쁘게 말을 하는 아이인데 게임을 하면 가끔 욕할 때가 있더라. 이게 습관이 되어 의도하지 않았는데 학교에서 친구들이나 선생님에게 실수로 욕을 하게 되면 민수도 많이 당황스러울 거야. 조금만 신경 쓰면 많이 달라질 것 같은데, 앞으로 게임하면서 욕을 안 하도록 노력해보면 어떨까?"

물론 현실에서는 부모가 흥분된 감정을 가라앉히고 이렇게 차분하게 주의를 주기란 쉽지 않을 수 있습니다. 하지만 정해진 시간을 넘어서까지 게임을 하거나, 게임 중 과격한 행동을 했을 때 아이에게 바로 호통을 친다면 아이는 부모가 또 잔소리를 한다고 생각해 무시하게 되거나 '부모가 화가 났으니 어쩌지?' 하는 불안한 감정만 내면에 남게 되어 부모가 전달하는 핵심적인 메시지를 제대로 받아들이지 못하게 됩니다.

아이의 행동 변화를 위해 주의를 주어야 하는 상황에서는 부모의 불만스러운 감정을 드러내 아이가 갖고 있는 변화의 의지를 꺾어버리는 방식이 아니라, 아이가 더 나은 행동을 할 수 있을 것이라는 믿음을 기반으로 현재의 행동이 만들어내는 문제를 담백하게 전달하는 것이 더욱 효과적입니다. 매번 이런 식으로 이야기할 수는 없겠지만 가끔이라도 부모가 **고요한 감정 상태에서 진중하게 전달하는 묵직한 피드백**은 아이가 무시당한다는 생각과 불안한 감정을 느끼게 하는 대신 자신의 모습을 객관적으로 인식하도록 도울 것입니다.

이에 더해 **아이에게 명확한 기준을 제시하고 일관성 있게 요구하는 태도** 또한 긍정적인 양육의 필수 조건입니다. 부모의 기분에 따라 어느 날은 게임을 허용하고 어떤 날은 너무 많이 시킨다 싶어 못 하게 하면 아이는 일관성 없는 부모의 행동을 예측하기 어렵기 때문에 불안감을 느끼고 혼란스러움을 경험하거든요.

앞에서도 말씀드렸듯 경계를 정하고 주의를 주면 아이가 통제받는다고 생각하실 수 있지만 사실 아이는 부모의 일관성 있는 주의에는 어느 정도 안정감을 느끼기도 합니다. 자신이 이렇게 행동하면 부모는 이렇게 행동할 거라는 미래의 모습이 머릿속에 그려져 자기 행동에 따른 부모의 행동을 예측할 수 있기 때문이죠.

단, 아이가 해도 될 것과 하지 말아야 할 것의 경계는 아이의 상황을 고려하여 설정해야 합니다. 예를 들어 매일매일 동일한 시간으로 경계를 설정하는 것보다 아이들의 스케줄에 따라 요일별로 게임 시간을 다르게 정해줄 수 있을 것입니다. 이렇게 하면 아이들은 부모가 다소 강압적으로 통제하더라도 훨씬 약속을 잘 지키는 모습을 보입니다. 게임 시간을 정하는 구체적인 방법은 뒤에서 더 자세히 설명해드리겠습니다.

안타깝게도 아이의 상황을 고려해 규칙을 정한 후 가급적 일관성 있게 요구하려 노력해도 예상치 못한 상황은 언제나 발생합니다. 예정에 없던 가족 모임이 생겨 밤에 늦게 들어와 씻고 바로 자야 하는 상황을 가정해보겠습니다. 이때 아이가 오늘 게임을 많이 못 했으니 약속한 시간만큼 게임을 시켜달라고 요구한다면 취침 시간을 미루고 게임을 하게 해야 할까요? 아니면 자야 하니 못 하게 해야 할까요?

가능하면 게임을 하게 해주는 것이 좋습니다. 단, 피곤하니 오늘은 절반만 하자고 타이르거나 부탁할 수는 있겠죠. 이러한 경우 아이 입장에서는 너무 늦어 못 할 뻔한 게임을 하게 됐으니 얻은 것이 있고, 부모 입장에서도 원래는 더 많이 게임을 하지만 오늘만큼은 절반만 하게 했으니 얻은 게 있는 협상이 됩니다. 아이가 경계를 넘어선 것만 주의를 줄 것이 아니라 이처럼 정해진 규칙을 최대한 지켜줄 수 있도록 부모가 융통성을 발휘할 필요도 있습니다.

그렇다면 끈끈한 부모-자녀 관계는 무엇이며, 또 어떻게 형성해야 하는 걸까요? 긍정적인 양육이 가급적 일관적인 태도를 바탕으로 아이와의 신뢰를 쌓아가는 과정이라면, 끈끈한 부모-자녀 관계는 감정적으로 서로 가까운 상태를 의미합니다.

내 아이와 감정적으로 가까워지려면 우선 아이와 대화 시간을 자주 갖는 것을 추천합니다. 아이와 대화를 하다 보면 부모가 아이의 감정을 헤아려줄 수 있는 에피소드들이 나타나는데요. 이때 아이의 상황을 헤아려주고, 느꼈을 감정을 공감해준다면 아이는 부모로부터 이해받는 느낌을 경험하게 됩니다.

부모는 아이와 학교생활 또는 친구와 있었던 일에 대해 시시콜콜 이야기하며 간단하게 공감해주는 상황을 상상하겠지만 막상 대화를 하다 보면 아이가 하루 종일 게임 이야기만 해 머리가 아플 수 있습니다. 처음에는 게임 이야기를 몇 번 들어주다가도 아이가 하루 종일 게임 이야기만 하게 되면, 그만 좀 하라고 화를 내는 경우도 생길 거예요. 우리 아이의 머릿속에는 게임만 들어 있는 것 같아 걱정도 되시겠죠.

 사실 아이 입장에서는 자기의 가장 큰 관심거리가 게임이기 때문에 그것에 관한 이야기를 하는 것입니다. 학교생활이 어떤지, 친구와 무슨 일이 있었는지 이야기하려 해도 이는 모두 게임과 연결되어 있을 가능성이 있어요. 이런 아이들에게는 게임이 삶의 중심이고 목적이기 때문이죠.

 이럴 때 **게임이 아이의 내면으로 들어가는 창구**라고 생각해보는 것이 어떨까요? 자신이 플레이했던 방식이나 게임을 하면서 친구와 있었던 이야기, 어떤 게임 이벤트가 예정되어 있는지에 관한 이야기는 어른의 입장에서 상당히 지루하게 들릴 수 있습니다. 하지만 그 이야기 속에는 놓치면 아까운 아이의 관심사, 친구 관계, 아이의 성향, 행동 패턴, 습관 등이 모두 담겨 있어요. 천천히 아이의 이야기를 따라가다 보면 단순하다고 생각했던 게임 이야기가 게임에서 억울하게 비난을 받았거나, 친구들은 모두 현질을 해 자기 자신을 초라하다고 느꼈거나, 친구들이 자신만 빼고 게임을 해 소외감을 경험했던 이야기로 자연스럽게 확장될 거예요. '또 게임 이야기한다.', '머릿속에 온통 게임뿐이어서 걱정이다.' 등의 생각은 잠시 내려놓고 아이의 이야기에 집중해보세요. 게임의 탈을 쓴 아이의 솔직한 내면 이야기가 들릴 거예요.

 부모가 아이의 이야기에 집중하는 횟수가 잦아지면 아이는 자기가 진정으로 좋아하는 분야를 부모가 관심 있게 들어주고 있다고 느끼게 될 것입니다. 차곡차곡 쌓인 이러한 경험은 부모와 아이의 관계가 이전보다 돈독해지도록 도와줄 거예요.

 아이를 신뢰하는 태도로 일관되게 주의를 주고, 관심과 애정으로 바라봐주면 아이는 부모와의 관계가 끈끈하게 연결되어 있다는 것을 느끼게 됩니다. 그러다 보면 부모가 요구하고 있는 것들이 스스로에게도 도움이 된다는 생각을 갖게 되죠. 약속한 게임 시간을 지키거나 게임할 때 드러내는 언어, 행동을 스스로 조절할 수 있게 되는 것도 마찬가지입니다. 나를 진심으로 아껴주고 사랑하는 부모가 요구하는 것이니 당연히 나의 성장에 필요한 것이라는 생각으로 받아들이게 될 거예요.

 이것을 내면화라고 합니다. 처음에는 부모가 나서서 아이의 자기 조절력을 만들어주지만 부모가 개입해 자기 조절력을 길러주는 과정에서 요구받던 것들을 시간이 지나면서 아이가 자기 스스로에게 요구하게 되는 것입니다.

 아이가 스스로의 사고와 행동을 자기 자신이 원하는 대로 조절하는 데까지는 다소 시간이 걸릴 것입니다. 없던 조절력을 부모를 통해 내 것으로 만들어야 하니 단숨에 만들어질 수는 없어요. 당장 눈앞에 숙제는 신경도 쓰지 않고 게임에 몰두하는 아이를 보면 속이 부글부글 끓겠지만, 부모의 역할에 따라 조금씩 향상되는 아이의 자기 조절력을 지켜보면서 오늘은 화가 나더라도 잔소리 정도는 한 템포 쉬어가 보는 건 어떨까요?

용어 설명

·메타 분석
과거에 진행된 개별 연구 결과를 종합하여 전체적인 경향이나 효과를 통계적으로 분석하는 방법입니다. 여러 연구 결과를 한데 모아서, 전체적으로 어떤 결론이 맞는지 더 정확하게 알아보기 위해 이 방법을 사용합니다.

Quest
6. 게임 말고는 성취감을 못 느껴요

에릭 에릭슨(1902~1994)은 인간이 유아기부터 노년기까지 어떤 단계를 거쳐 발달하는지 설명한 발달심리학자이자 정신분석학자입니다. 그는 성장 단계별로 맞닥뜨리는 각기 다른 과제를 어떻게 극복하느냐에 따라 인간의 심리와 성격의 발달 양상이 달라진다고 보았습니다.

그의 주장에 따르면 대략, 태어난 직후부터 1살 무렵까지는 자신을 키워주는 양육자의 태도에 따라 세상에 대한 인식이 결정되는 시기라고 합니다. 양육자가 안정적이고 일관성 있는 태도로 키워줄 때 아이에게 자신이 살고 있는 이 세상이 믿을만한 곳이라는 신뢰가 생기게 되고, 반대로 양육자가 불안정적으로 아이를 돌본다면 세상은 믿을 수 없고 자신을 불안하게 만드는 곳이라는 느낌이 만들어지는 것이죠.

 그다음, 약 1세부터 3세까지는 근육이 어느 정도 발달하면서 자기가 원하는 걸 스스로 하고 싶은 욕구가 생기는 시기입니다. 이때 아이들은 바닥과 옷에 흘리면서도 밥은 반드시 자기가 다 먹겠다고 하거나, 양쪽 발을 바꿔 신어도 무조건 신발은 자기가 신겠다고 합니다. 그런 아이들의 행동을 양육자가 나서서 대신 해주는 것이 아니라 아이 스스로 할 수 있도록 기다려주면 아이 내면에 자율성이 생겨나고 아이를 통제하려 들면 자신의 행동에 대한 부끄러운 감정이 든다고 해요.

 약 3세부터 6세까지는 자유롭게 원하는 대로 하되 목표를 두고 이를 위한 나름의 계획을 세워 행동하려고 하는 시기입니다. 이 시기를 지나는 아이들이 자주 하는 말은 "나도 다 하려고 했어."예요. 에릭슨에 따르면 부모가 보기에 말이 안 되는 계획처럼 보일지라도 아이들이 스스로 정한 목표와 이를 달성하기 위해 짜 놓은 계획을 부모가 존중하고 인정해주면 아이는 삶을 주도적으로 살 수 있는 능력을 갖게 된다고 합니다. 그렇지 않고 부모가 대신해주거나 아이의 계획을 무시하면 아이는 무언가 잘못한 것 같은 죄책감을 경험하게 된다고 해요.

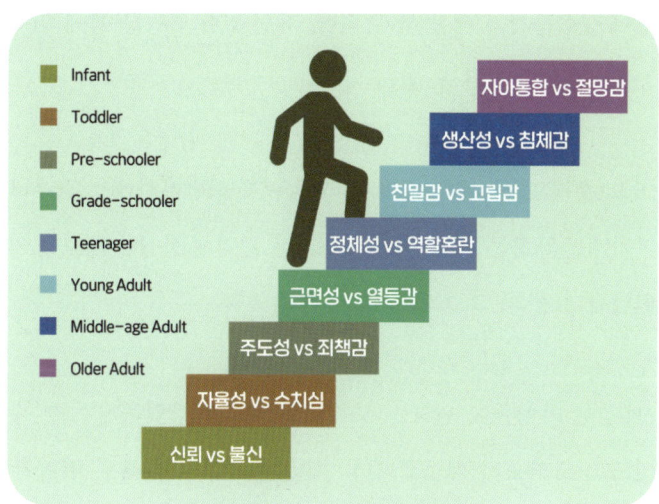

에릭슨의 심리사회적 발달 단계

약 6세부터 길게는 초등학교 고학년까지의 시기를 지나는 아이는 핵심적인 감정의 충족 여부에 따라 자신감을 갖고 자신의 관심 분야 혹은 해야 할 일에 성실히 임하게 되거나 열등감을 갖고 자포자기하게 된다고 합니다. 이 시기에 아이들이 경험해야 할 핵심적인 감정은 성취감입니다.

성취감이란 목표를 이뤄냈을 때 생겨나는 긍정적인 감정입니다. 무언가를 해냈을 때 스스로가 느끼는 감정에 더해 주변의 인정까지 더해지면 공부의 양을 조금씩 늘려나가야 하는 아이들이 성실하게 숙제를 하게 되며, 자신 있어 하는 분야에 더욱 능동적으로 몰입할 수 있게 되죠.

공교롭게도 이 시기 어떤 아이들은 부모의 바람대로 공부나 자기계발을 하는 반면, 어떤 아이들은 게임에 성실한 태도를 키워나갑니다. 왜 그럴까요?

게임이 아이들이 원하는 성취감을 빠르고 강력하게 느낄 수 있도록 도와주기 때문입니다. 게임은 로그인만 해도 경험치, 게임 머니, 랜덤 아이템 등의 보상을 줍니다. 이렇게 주어지는 보상을 차곡차곡 모으면 자신의 캐릭터가 더 예뻐지거나 강력해질 수 있어요. 또 게임을 하는 과정에서 아이는 자신의 플레이에 따라 'Great!', 'Excellent!'라는 리액션을 경험하기도 합니다. 이는 아이 자신이 게임 속 과제를 아주 잘 수행하고 있다고 믿게 해주죠.

아이들이 게임을 하며 성취감을 강력하게 느끼는 또 다른 순간은 도달하기 힘들었던 단계로 레벨업 하는 때입니다. 게임은 일상에서 공부를 하는 것과 달리 레벨업이 언제 이뤄지는지 예측 가능하게 해줍니다. 사실 아이들은 얼마나 공부를 해야 현실에서 레벨업을 할 수 있는지 대부분 모릅니다. 그저 부모가 하라고 하니까, 남들이 다 하니까 하는 거죠.

그런데 게임을 하면 자신의 캐릭터 정보를 통해 다음 레벨업까지 어느 정도의 경험치를 더 쌓아야 하는지 알 수 있습니다. 이를 바탕으로 아이는 자신이 얼마나 더 노력해야 하는지 비교적 쉽게 예측할 수 있죠. 그렇게 자신이 세운 계획에 따라 시간과 노력을 들여 힘들게 레벨업을 하면 레벨을 알려주는 아이콘과 캐릭터의 모습이 달라지기 때문에 자신이 이뤄낸 결과물을 즉각적으로 확인할 수도 있습니다. 캐릭터의 정보를 확인하며 동기 부여가 된 상태에서 시간과 노력을 쏟아 넣어 결국 자신의 힘으로 레벨업을 하게 되면 포기하지 않고 목표를 이뤘다는 생각에 성취감을 더욱 크게 느끼게 됩니다.

한 가지 사례를 들어 더 설명드려볼게요.

초등학교 5학년인 하민이는 클레이로 미니어처 모형 만드는 것을 정말 좋아하는 아이입니다. 취미가 클레이로 무언가를 만드는 것이라고 하기에 '대충 모양을 만들어 이어 붙이는 정도겠지.'하고 대수롭지 않게 생각했는데요. 직접 만든 모형들의 사진을 본 순간 놀라지 않을 수 없었습니다. 굉장히 작은 크기로 섬세하게 필기구, 도시락, 음식 등을 만들었는데 그 실력이 수준급이었거든요.

 저는 "너 이거 만드는 걸 영상으로 찍어서 유튜브에 올려 봐."라고 말할 정도로 하민이의 작품에 감탄했습니다. 그런데 하민이는 감탄하는 저의 표정을 보곤 이내 울상을 짓더라고요. 이유를 물어보니 하민이는 자신이 클레이로 모형을 만드는 것을 아빠가 탐탁지 않아 한다고 답했습니다. 어머님과 이야기를 나눌 일이 있어 이런 상황을 말씀드렸더니 남편이 최근에는 돈 아까우니 하민이에게 클레이를 사주지 말라고 했다더군요. 평소에도 하민이가 공부에 도움이 안 되는 걸 하면 눈치 주고 잔소리를 하셨대요.

 그런 하민이는 게임을 오래 하면서도 그것이 즐겁지 않다는 이야기를 많이 했습니다. 레벨을 올리는 데 혈안이 되어 있던 하민이는 게임 시간을 줄이고 싶어도 게임을 며칠간 하지 않으면 레벨이 떨어지기 때문에 불안해서 게임을 멈출 수 없다고 했습니다.

하민이는 자신의 노력으로 일궈낸 결과물에 대한 인정과 보상이 주어지지 않아 일상에서의 성취감을 충분히 경험하지 못하는 아이였습니다. 공을 들여 클레이 모형을 훌륭하게 만들어내도 공부와 상관없는 일 아니냐며 아빠에게 잔소리를 듣기 일쑤였죠. 그리하여 이 공허한 마음을 채우기 위해 보다 쉽게 보상을 얻고, 레벨업을 하면서 성취감을 느낄 수 있는 게임으로 빠져든 것이었습니다.

하민이처럼 현실에서 충분한 성취감을 경험하지 못해 게임으로 부족한 성취감을 메우려는 아이들을 많이 만납니다. 이러한 아이들은 일상과 게임 속을 오가며 성취감을 경험할 수 있도록 균형을 맞춰줄 필요가 있어요. 게임 공간이 아니라 현실에서 아이가 해낸 것을 스스로 인정하고 뿌듯함을 느낄 수 있도록 돕는 것이죠. 그러기 위해서는 부모의 애정어린 관심과 칭찬이 반드시 필요합니다. 아이가 나름대로 신경 써서 노력한 부분에 대해서 말이죠.

아이가 갓난아기 때 뒤집기를 했던 순간 혹시 기억하시나요? 아이들의 뒤집기는 엎드려 누울 수 있도록 하는 근육이 발달한 시점에야 가능합니다. 이는 태어난 이후 아이가 보여주는 첫 번째 극적인 행동 변화로 여겨지기 때문에 많은 부모님들이 아이가 뒤집기에 성공한 그 순간, 우리 아이가 큰일을 해냈다며 기뻐하셨을 겁니다.

 첫걸음마를 뗀 순간도 기억하시지요? 아이가 첫걸음을 떼는 순간은 뒤집기와는 차원이 다른 경이로움을 느끼게 합니다. 여러 번 일어나려다 주저앉기도 하고, 일어나서도 다리를 한 발짝 내딛다가 넘어지는 순간도 있지만 결국은 비틀대며 나아가는 아이의 한 걸음 한 걸음을 보면서 벅찬 감동을 경험하셨을 것입니다.

 뒤집기나 걸음마는 모두 부모가 대신해줄 수 없습니다. 그러다 보니 뒤집기를 하는 아이를 보며 힘내라고 응원해주기도 하고 성공하면 큰 박수를 치게 되죠. 아마 많은 분들이 걸음마에 성공하는 아이의 모습을 영상으로 남기셨을 거예요. 혹여 그 순간을 영상에 담지는 못했어도 우리 아이 대견하다며 꽉 안아주셨을 것입니다.

 아기 때 우리 아이의 행동을 보며 놀라움을 느꼈던 상황이 분명 또 있었을 것입니다. 혼자 젖병을 움켜쥐고 먹거나, '엄마', '아빠'

라고 들리는 옹알이를 하거나, 퇴근하고 집 문을 열면 멀리서 부모를 향해 기어 오는 아이를 보면서 우리 아이가 다른 아이들보다 발달이 빠른 것 같아 내심 기분이 좋았던 적도 있었을 거예요.

세월을 건너뛰어 게임을 좋아하고 있는 요즘의 우리 아이를 한번 떠올려 볼까요? 추측하건대 지금의 아이를 보면서 아기 때 느꼈던 만큼의 감동이나 감격을 느끼는 빈도가 현저히 줄어들었을 것입니다. 말도 잘 못 알아듣는 갓난아기에게 '잘한다', '대단하다', '멋지다' 등의 칭찬을 연발하셨을 테지만 어느 정도 커서 게임이 삶의 목적인 아이들에게는 칭찬이 그 정도의 횟수와 강도로 나오지 않는 것이 사실입니다.

상담을 해보면 많은 아이들이 초등학교 3~4학년 정도에 게임을 처음 시작합니다. 그런데 공교롭게도 많은 부모들이 초등학교 3~4학년 시기를 아이가 학습의 기초를 닦기 시작해야 하는 때라고 생각하십니다. 특히 과목별로 기반을 다지는 것이 중요하다고 생각하시죠. 그러다 보니 아이가 학교에서 단원 평가를 보면 답을 얼마나 잘 맞히고 있는지 예민하게 받아들일 수밖에 없습니다. 또한 아이가 학원에서 수업은 잘 따라가는지, 주어진 숙제는 성실하게 하고 있는지에도 많은 관심을 기울일 수밖에 없죠.

 독서도 마찬가지입니다. 요즘 문해력에 대한 이슈가 떠오르면서 아이들이 책을 많이 읽도록 독려하고 계실 거예요. 당장 어떤 성과를 보여주지는 못하더라도 책을 많이 읽으면 훗날 문제를 이해하거나 글을 쓰고 사람과 대화를 할 때 큰 도움이 될 수 있으니 기초를 탄탄히 다지기 위한 작업으로써 아이들이 책을 읽도록 독려하고 계실 것입니다. 태권도나 자전거 타기, 축구도 비슷합니다. 아이들이 몸을 규칙적으로 움직이다 보면 결국 기초 체력이 쌓여 건강하게 자라는 데 큰 도움이 될 것이라는 생각으로 신체활동을 시키시는 것이겠죠.

 이렇게 기초를 다지는 데 많은 시간과 에너지를 써야 하는 시기에는 이렇다 할 성과를 보기 어렵습니다. 말 그대로 기초이니까요. 학원에 다녀와서 숙제를 하고 있는 모습을 보면 학생으로서 당연히 해야 하는 일을 하고 있다고 생각하실 수 있어요. 책을 읽는 모습이 바람직해 보여도 책 한 권을 다 읽었다고 칭찬까지 해야 하나 싶은 애매한 느낌이 드실 것입니다. 운동을 마치고 아이가 땀을 뻘뻘 흘리며 들어오면 '빨리 가서 씻어.'라는 말이 먼저 나올 거예요. 언젠가 상담을 하던 중에 한 어머님께서 이렇게 말씀하시더라고요.

"초등학생이 되니 아이에게 칭찬하는 법을 잊었어요."

아이가 중·고등학생이 되어도 상황은 크게 다르지 않습니다. 기초를 다지는 시기는 지났지만 이제 성과를 보여줘야 하는 시기를 지나고 있기 때문에 아이가 하고 있는 행동을 부모가 온전히 인정하고 지지해주기 어렵습니다. 중간고사, 기말고사는 우리 아이의 학업적 능력이 어떤 수준인지 적나라하게 보여주는 데다가 그 수준이 부모의 기대에 미치지 못하는 상황에서 아이가 게임에 빠져 있다면 부모의 불안과 걱정은 이루 말할 수 없을 것입니다.

아이들은 자신이 이뤄낸 성과가 대단한 것임을 부모가 알아차려 주길 원하고 있습니다. 설령 공부와 관련이 없어 부모가 보기에는 마음에 들지 않아도 아이가 노력해서 이뤄낸 것이라면 칭찬하고 감동해주세요. 만약 진심으로 인정해줄 만한 것이 없다면 적어도 이것만큼은 칭찬할 수 있겠다 싶은 것이 무엇인지 찾아보려고 애써보세요. 칭찬이 어렵다면 칭찬거리를 찾는 것부터 시작해서도 됩니다. 가령 매일 남기던 밥을 오늘만큼은 한 그릇 싹 비워 먹었다면 그것은 아이 입장에서 성취입니다. 평소 자주 지각하던 아이가 오늘만큼은 늦지 않으려고 노력해 제시간에 등교한 것도 성취라고 할 수 있겠죠.

 결국 해냈다는 데에서 오는 뿌듯함과 만족감은 아이 스스로의 힘만으로 만들어지지 않습니다. 아무리 그 행동이 매력적이고 도덕적이며 바람직하더라도 아이가 행위를 통해 성취감을 느끼기 위해서는 외부의 긍정적인 반응이라는 마중물이 반드시 필요하기 때문입니다. 게임 속에서 주어지는 랜덤 아이템이나 리액션, 레벨업이라는 보상처럼 말이죠.

 혹시라도 이렇게 칭찬을 많이 해주면 타인의 긍정적 반응을 위한 작위적인 행동만 하게 되지 않을까 걱정하는 분들도 계실 거예요. 사실 그렇지 않습니다. 자신이 노력과 시간을 들여 해낸 결과물을 부모가 반복적으로 인정해주면, 오히려 외부의 인정이나 칭찬 없이도 자신의 행위에 대한 성취감을 스스로 경험하게 되는 시기를 앞당길 수 있습니다.

 게임에 대한 약속을 지키는 것에 있어서도 아이가 애쓰고 있는 부분을 주의 깊게 봐주시면 좋겠어요. 게임을 1시간 하기로 약속했는데 1시간 10분을 하고 껐다면 약속을 어기고 10분을 더 한 것처럼 보일 수도 있겠지만, 내버려 두면 2시간도 더 할 수 있는 아이가 부모와의 약속을 지키려고 노력했기 때문에 생각보다 덜 하고 껐다고도 생각할 수 있습니다. 후자의 관점으로 아이의 행동을 바라봐주세요. 그래야 실패했더라도 자신의 노력을 인정받은 아이는 부모와의 약속을 지키기 위해 조금씩 노력할 것입니다. 그렇게 아이는 점차 **현실에서도 스스로 성취감을 느낄 줄 아는 사람으로 커 나갈 거예요.**

Quest
7. 말보다 행동으로 표현하는 나이입니다

 아이들의 머릿속에서는 도대체 무슨 일이 벌어지고 있기에 게임을 멈추지 못하는 걸까요?

 우리 신체 중 매우 중요한 부분 중 하나인 뇌는 영아기에 빠르게 발달하기 시작해 초등학교 저학년 시기에 모든 구조가 완성된다고 알려져 있어요. 사실 구조만 완성된 것이지 완전하게 기능하는 것은 아닙니다. 게임하는 아이들의 행동을 이해하기 위해서는 아동·청소년기 뇌 발달에 있어 중요한 두 가지 축을 알고 계셔야 합니다.

 하나는 도파민 시스템이에요. 도파민에 대해서는 한 번쯤 들어보셨을 거예요. 도파민은 단순하게 말하면 보상이 주어질 때 행복감을 느끼도록 하는 신경전달물질이라고 할 수 있습니다.

행동을 반복적이고 지속적으로 하게 하는 역할을 하죠. 아동·청소년기 아이들의 뇌는 성인과 달리 낮은 수준의 자극에도 쉽게 반응하는 특성이 있어 많은 양의 도파민이 자주 방출됩니다. 방출된 도파민은 도파민 수용체와 결합할 때야 비로소 사람의 감정과 행동에 영향을 미치는 신호를 전달할 수 있는데요. 도파민 수용체 역시 아동·청소년기에 가장 많은 양이 만들어진다고 합니다.[3] [4]

이처럼 쉽게 도파민이 분비되는 것뿐만 아니라 그것과 결합해 활성화시키는 수용체의 양도 많아지는 시기를 지나고 있기 때문에 아이들이 다양한 감정을 자극하는 대상을 한번 접하게 되면, 어른에 비해 쾌감과 행복감을 더욱 빠르고 커다랗게 느낄 수밖에 없습니다.

또 다른 중요한 축은 뇌 부위별 발달 속도입니다. 뇌는 다양한 부위로 이루어져 있는데, 그중 제가 관심을 갖는 부위는 변연계와 전두엽입니다. 변연계의 대표적인 역할은 기쁨, 설렘, 화남, 억울함 등 다양한 감정을 느끼게 하는 것입니다. 또한 상황들을 기억하며 각종 욕구를 만들어내기도 하죠.

전두엽은 이해하고 계획하며 감정과 행동을 조절하는 일을 합니다. 이뿐만 아니라 생각을 언어로 표현하거나 이성적 판단을 필요로 하는 상황에서도 핵심적인 역할을 하죠. 가령 게임을 딱 1시간만 하고 숙제를 해야겠다는 계획을 세울 때, 오늘 학교에서 친구한테 놀림 받아 속상했다고 엄마에게 이야기할 때, 화가 나더라도 깊은 숨을 한 번 쉬고 나서 마음을 가라앉힐 때 전두엽이 쓰입니다.

흥미로운 사실은 두 부위의 발달 속도가 서로 다르다는 것입니다. 변연계는 10대 중 후반에 발달이 거의 마무리되는 반면 전두엽은 20대가 되어야 완성된다고 합니다.[5] 문제는 발달의 속도 차이가 아이들의 작은 행동 하나에도 영향을 미칠 수 있다는 거예요.

상대적으로 빠르게 완성되어가는 변연계로 인해 10대의 아이들은 다양한 감정을 점점 더 분명하게 느낍니다. 수업을 듣는 것의 지겨움, 친구로부터 놀림을 당할 때 느껴지는 화남과 분노, 잔소리하는 엄마에게 서운함과 속상한 감정 등 어른이 느낄 수 있는 감정의 대부분을 느낄 수 있습니다. 그런데 이때 전두엽은 아직 제 기능을 발휘하기 전이기 때문에 아이들은 곧이곧대로 느껴지는 이 감정들을 적절하게 조절하지 못합니다. 또한

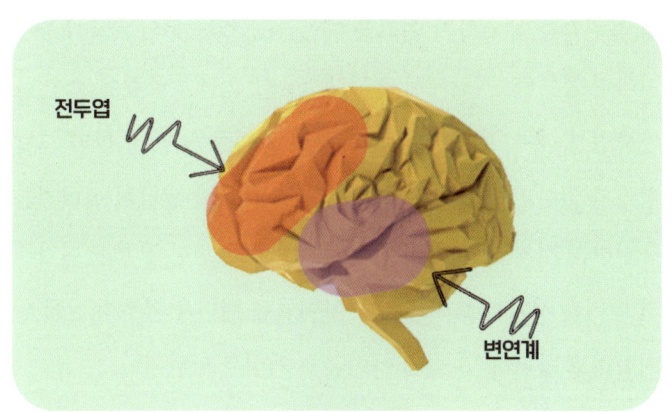

사람의 뇌 구조

자신이 현재 어떤 감정을 느끼고 있는지 주변에 논리적으로 설명하는 것도 어려워하죠. 아이들이 화가 난다, 슬프다 등의 감정을 언어로 표현하는 대신 소리를 지르거나 대성통곡을 하고, 때로는 심하게 짜증 내거나 아예 아무 말도 하지 않는 등의 극단적인 방식으로 감정을 표현하는 이유는 바로 이 때문입니다.

그럼, 이렇게 뇌가 발달하고 있는 시기의 아이들이 게임을 만나면 어떻게 될까요?

사람은 내면에 화나고 슬프고 짜증 나는 감정이 가득 차 있다면 본능적으로 이를 해소할 방법을 찾습니다. 특히 스스로 심리적 불편감을 해결하기 어려울 때는 자연스럽게 외부의 대상에 기대려 합니다. 직장에서 스트레스를 받으면 퇴근길에 소주 한잔하면서, 혹은 우울한 마음이 들면 쇼핑을 하면서, 만약 그럴 힘마저 없다면 가만히 누워서 유튜브를 보며 심리적 에너지를 충전하는 것처럼 말이죠. 자신의 힘으로 불편한 상황을 이겨내기 어려운 시기를 보내고 있는 아이들은 더더욱 외부 대상에 의지하려고 합니다. 그렇게 아이들은 게임과 만납니다.

그런데 게임을 하다 보면 아직 불완전한 도파민 시스템으로 인해 아이들은 너무 커다란 쾌감과 행복감을 빠르고 강력하게 느끼게 됩니다. 이때 전두엽이 제 기능을 발휘해주면 좋겠지만 아쉽게도 그러지 못합니다. 결국 계획해두었던 숙제는 아랑곳하지 않고 시간 약속을 어기면서까지 게임을 하는 일이 반복됩니다. 아무리 부모가 혼을 내도 새벽에 몰래 일어나 게임을 하거나 밥 먹으면서도 게임을 놓지 못하게 되는 것이죠.

적당히 좀 하면 좋으련만, 아이들이 부모와 부딪쳐가면서까지 시도 때도 없이 게임을 하는 이유는 충동성 또한 한몫을 하고 있기 때문입니다. 충동성은 욕구를 해소하기 위해 계획과 상관없이, 또 결과에 대한 예측도 없이 즉각적으로 행동부터

하는 경향을 말해요. 변연계가 더욱 발달할수록 아이들은 잘 한다고 인정받고 싶은 욕구, 친구들과 잘 지내고 싶은 상호 작용 욕구, 편안한 분위기 속에서 지내고 싶은 안정감의 욕구 등을 강력하게 느끼게 됩니다. 그런데 이 많은 욕구를 충족하기 위한 이성적이고 합리적인 사고를 하기 어려운 시기이기 때문에 스스로를 제어하지 못하고 충동적으로 게임을 반복하게 되는 것입니다.

변연계와 전두엽이 발달을 모두 마쳤고 도파민 시스템 또한 안정화되어 있는 어른의 입장에선 뇌 발달의 불균형을 겪는 아이들을 이해하기 어려울 수 있습니다. '내일 시험인데 왜 게임을 하지?', '아침에 일어나면 학교 갈 준비부터 해야 할 텐데 왜 게임부터 켜지?' 이런 생각을 많이 하실 거예요. **그건 아직 아이의 뇌가 자라는 중이기 때문입니다.**

이제부터 게임을 많이 하는 아이들을 보면 먼저 이렇게 생각해보는 건 어떨까요?

'아이들이 몸으로 무언가를 말하고 있구나.'

우리 아이가 한 학년 위로 진학하면서 친했던 친구들과 헤어지는 것에 서운함을 느꼈거나, 동생이 물건을 뺏어서 꿀밤을 때렸는데 꿀밤을 때린 자신만 혼나 억울했을 수 있습니다. 반에 이야기 나눌 친구가 없어서 외로웠거나, 요 며칠 시험공부 하느라 스트레스를 받은 상황일 수 있어요.

이러한 마음 상태일 때 힘들다고 주변에 말로 표현해 도움을 받거나 지금 내 마음이 이러니 혼자 있게 내버려 달라고 현명하게 양해를 구하면 참 좋겠지만, 아이들이 그렇게까지 하기는 어렵습니다. 대신 자기만의 방식으로 이 상황에 대처하려고 합니다. 바로 게임을 하는 것으로 심리적 상태를 표현하거나 더 많은 시간 동안 게임 속에 머물며 감정을 해소하는 것입니다.

게임을 하다 억울하게 졌거나, 중요한 순간에 부모님이 자야 한다고 강제로 스마트폰을 껐다면 이 역시 그 순간 느끼고 있는 온갖 부정적인 감정들을 스스로 조절하거나 자신의 상태를 상대에게 조리 있게 전달하는 것에 실패해 새벽에 몰래 일어나 게임을 켜는 방식으로 '나 힘들어요.', '나 속상해요.' 이렇게 표현하고 있는 것이라고 생각해주세요.

아이들은 부모를 골탕 먹이기 위해 반항하는 것이 아닙니다. 할 수 있는데 노력을 하지 않아서 시간 약속을 어기는 것이 아니에요. 그들은 부모가 자신이 어떤 상태인지 관심 가져주길 절실히 원하고 있습니다. 여러분은 아이들과 달리 이미 뇌의 기능이 발달되어 있기 때문에 조금만 관심을 갖고 들여다보면 아이의 감정과 생각, 그리고 주변 상황들을 예측할 수 있을 정도로 성숙한 존재입니다. **아이가 말하기 어려워한다면 여러분이 알아차려 주세요.**

다양한 상황에서 발생한 여러 감정들을 스스로 조절하는 데 지속적으로 실패하고 있는 아이에게는 다른 도움이 필요한 게 아닙니다. **지금 당장 필요한 건 게임에 빠진 우리 아이의 감정과 행동을 이해하려는 부모의 노력입니다.** 이는 아이가 경험하는 수많은 복잡한 감정 중 부모의 의심하는 눈빛, 못마땅하게 여기는 태도, 체념한 듯한 말투로 인해 아이가 느낄 수 있는 부정적 감정만큼은 줄여줄 거예요. 부모가 전달하는 부정적 감정만이라도 아이에게서 덜어낼 수 있다면 혼란스러운 뇌 발달의 시기의 아이들에게는 큰 힘이 될 것입니다.

Quest
8. 친구가 하자고 하니까 어쩔 수 없어요

 게임을 무작정 못 하게 막는다면 우리 아이만 친구들 사이에서 소외될 수 있으니 친구들과 적당히 잘 어울릴 수 있을 만큼만 게임을 허용해주려고 하지만, 아이는 친구와 게임만 시작했다 하면 '적당히'라는 선을 항상 넘습니다. 집에서 혼자 게임할 때는 웬만하면 약속 시간을 잘 지키려고 하는 아이가 친구들과 함께 게임을 할 때면 정해진 시간을 넘기기 십상이거든요. 친구들 앞에서 면박 주기 싫어 게임을 하는 동안 끓어오르는 화를 꾹 참지만 아이는 그러한 부모의 마음은 개의치 않고 신나게 게임을 합니다. 친구들과 게임을 했다 하면 통제가 안 돼 게임하는 시간을 제한하려고 다짐했다가도 또다시 아이의 우정을 위해 게임이 필요하다고 생각돼 게임을 무조건 허용하지도, 막지도 못하고 갈팡질팡하고 계실 거예요.

늦게까지라도 좋으니 차라리 밖에서 뛰어놀면 좋으련만 학교가 끝나면 다들 학원으로 뿔뿔이 흩어지기 때문에 방과 후 함께 놀 수 있는 친구를 찾기란 어렵습니다. 스케줄을 모두 마치고 아이들이 다 같이 만날 수 있는 시간은 저녁 이후가 되는데요. 바깥에서 만나 함께 놀 시간적 여유가 충분하지 않기 때문에 아이들은 결국 시간과 공간의 제약에서 벗어나 친구들과 시간을 보낼 수 있는 방법으로 게임을 선택합니다.

그렇다면 왜 아이들은 친구들과 게임을 같이 하고 싶은 걸까요? 학교에서 아이들이 또래와 보내는 시간은 깨어 있는 시간의 절반 가까이를 차지합니다. 선배 혹은 후배 또는 불특정 다수와 만날 기회가 훨씬 더 많은 성인과는 달리 아이들은 긴 시간 동안 같은 나이대의 또래들과 함께 생활합니다. 주변 상황이나 처지, 발달 수준 등이 비슷한 사람과 함께 생활하기에 그 나이대에서 유행하는 문화, 즐길 거리, 놀이 방식 등은 쉽게 전파될 수 있습니다.

유치하기 짝이 없는 만화책을 넋을 놓고 보고 있었던 제 학창 시절이 생각나네요. °『괴짜가족』이라는 만화책이었는데요. 그 당시에는 친구들 사이에서 그 만화책이 아주 인기가 많았습니다. 처음에는 한두 명이 『괴짜가족』을 학교에 들고 왔는데 일주일 만에 대부분의 친구가 『괴짜가족』을 읽게 되었어요. 『괴짜가족』은 삽시간에 또래 사이로 퍼졌고 틈만 나면 친구들은 『괴짜가족』 에피소드를 이야기하거나 등장인물의 행동을 따라 하곤 했습니다.

어머니께서는 그 만화책을 한번 훑고는 이렇게 유치한 만화책이 뭐가 그렇게 재미있냐고 하셨어요. 이렇게 재미있는 걸 왜 유치하다고 생각하는지 그 당시에는 이해하지 못했습니다. 지금 와 생각해보니 저뿐만 아니라 친구들의 발달 수준에서는 『괴짜가족』의 스토리나 그림체가 재미있게 느껴졌지만 다 큰 어른이 보기에는 수준에 맞지 않았던 것 같습니다.

아이들이 좋아하는 게임이나 만화책이 어른들의 눈높이로는 재미없고 유치하다고 해도, 그들끼리 공유하고 있는 **고유한 감정과 상황, 가치, 언어 등과 연결될 수 있는 공통의 콘텐츠는 아이들 삶의 깊숙한 곳까지 빠르게 퍼져 나갑니다.**

어느 시대에는 한글로 가사를 써가며 외우던 팝 음악이, 또 어떤 시대에는 유치한 만화책이 아이들의 문화 콘텐츠였다면 지금 이 시대의 많은 아이들에게는 게임이 문화이고 즐길 거리이며 노는 방식입니다.

 게임을 좋아하고 문화로써 즐기는 사람끼리 모여 어려운 퀘스트를 힘을 합쳐 완수하고, 자신들만이 아는 게임 언어를 사용하며 소통하다 보면 혼자 게임을 할 때보다 즐겁고 신나며 스릴 있고 짜릿한 긍정적인 감정을 훨씬 많이 느낄 수 있습니다. 그렇기에 아이들은 집에서 혼자 게임을 하다가도 보이스톡을 켜 친구들과 같이 게임을 하려 하고, 어느 순간부터는 친구와 나란히 앉아 직접 대화하며 게임을 하기 위해 PC방으로 장소를 옮기기도 하는 것입니다. 또 게임을 하지 않더라도 어제 플레이했던 중요한 순간이라든지 게임 유튜브에서 나왔던 신기한 장면들을 주제로 이야기 나누기도 하고, 좋아하는 게임의 대회가 있다면 친구들과 함께 직관하러 가는 것이죠.

 게임을 즐기고 있는 집단의 크기가 커질수록 게임을 하지 않거나 유행하는 게임을 모를 경우, 교실에서 느낄 수 있는 소외감의 크기도 동시에 커져갑니다. 소외감이란 연결되려는 욕구가 좌절될 때 생겨나죠. 인간은 주변 사람들과 함께 생활하도록 진화되어 왔습니다. 진화학자들은 혼자 있을 때보다 무리지어 생활할 때 생존확률이 더 높았기 때문이라고 설명합니다. 다

수에 속하고 싶어 하는 마음은 DNA에 새겨져 있다는 의미입니다. 그렇기 때문에 교실에서 다수가 같은 게임을 하고 유사한 게임 영상을 보고 있다면 처음에는 흥미가 없던 아이도 자연스럽게 그 게임에 관심을 가지게 됩니다. 그리고 다수에 속하기 위해 적극적으로 게임 콘텐츠를 소비하게 되죠.

특히 쑥스러움이 많거나 과거 친구 관계에서 상처를 경험한 아이들, 혹은 또 다른 이유로 친구들과 어울리기 어려워하는 아이들은 오프라인보다 게임 공간을 선호하기도 합니다. 직접 마주하지 않아도 유대감을 쉽게 형성할 수 있는 콘텐츠가 바로 게임이기 때문이죠. 디스코드나 게임 내에서의 채팅 기능 등을 이용하면 오프라인에서와 비교해 좀 더 수월하게 친구를 만들 수 있습니다. 그러고 보면 **혼자가 아니라 누군가와 연결되고자 하는 욕구를 충족하기 위해 게임만 한 것이 없다는 생각도 듭니다.**

이제부터는 아이들이 게임을 하며 시간을 낭비하고 있는 것이 아니라 **다수와의 상호작용을 통해 연대감을 느끼는 중이라**고 생각을 바꿔보면 어떨까요? 아이들이 시간을 허비하고 있는 것이 아니라 성장하고 있다는 것을 발견하게 되실 것입니다.

다수의 무리에 속해 있다는 것은 심리적으로 굉장히 큰 안정감을 가져다줍니다. 혼자 고립되어있음으로 인해 경험할 수 있는 외로움을 줄여주고, 즐거움을 여러 사람과 공유하는 행위를 통해 공동체 의식도 생겨나죠.

이런 심리적 안정감을 느끼며 친구들과 함께 게임을 하다 보면 아이들은 친구들과의 상호작용을 통해 자신이 어떤 특성을 가진 사람인지 발견하게 됩니다. 팀플레이 게임에서 명령을 내리는 것이 편한지, 명령을 따라가며 도와주는 것이 편한지 알게 되기도 하고, 어떠한 상황에서 화가 나는지, 억울함을 느끼는지도 깨닫게 됩니다. 또한 자신의 성향이 계획적인지 즉흥적인지도 확인하게 되죠. 다른 사람과 나를 비교해가며 나만이 갖고 있는 고유한 특성을 발견할 수 있고, 친구들이 자신에게 하는 피드백을 통해 그동안 알지 못했던 나 자신의 새로운 면을 알게 되기도 합니다.

그동안 알고 있었던 '나'라는 사람의 특성에 친구들과 상호작용하며 여러 상황에서 스스로 새롭게 발견한 특성과 친구들이 알려주는 특성이 더해져 자기 자신이 어떠한 사람인지 더욱 풍성하게 이해하게 되는 것입니다. 또 채팅이나 보이스톡을 활용해 친구들과 대화를 하거나 다른 사람들이 플레이하며 보여주는 행동을 통해 사람을 대할 때 피해야 할 행동이나 상대가 좋아하는 표현을 자연스럽게 익힐 수 있어 사람과 부딪치지 않고 잘 지내기 위한 사회적 스킬, 매너 등을 배우기도 합니다.

 물론 게임이 대단하기 때문에 이 모든 것이 가능하다는 의미는 아닙니다. 다만 **또래와의 관계를 통해 성장하는 아동·청소년기 아이들이 지금 이 시기에 게임이라는 상호작용의 장(場)을 만난 것이라고 생각해 주세요.** 게임이라는 얇은 막을 걷어내면 아이들이 상호작용의 공간 속에서 친구들과 소통하며 성장하는 모습을 확인하실 수 있을 거예요.

 친구와 게임을 할 때마다 통제가 더 힘들다는 이유로 게임을 무작정 못 하게 막다 보면 아이가 친구와 상호작용하면서 사회적인 기술을 배우고 어른이 알려주지 않는 자신의 숨은 특성을 발견할 기회를 잃어버릴 수 있습니다. 우리 아이가 친구들과 함께 하는 게임에 유독 매달린다면 상호작용을 통해 나름대로 자기 자신을 발전시켜나가는 중이라고 여겨주세요. 조금은 조급하고 불안한 마음이 누그러질 것입니다.

용어 상점

· 괴짜가족
1993년부터 연재되고 있는 일본 만화로 평범한 일상을 기상천외하게 살아가는 가족의 이야기를 그린 작품

CHAPTER 2

게임을 같이 하는 부모가 아이를 바꿉니다

게임 세계로의 진입

 게임으로 인한 아이의 문제를 해결하기 위해 부모님들이 가장 먼저 쉽게 떠올리는 방법은 바로, 게임을 못 하게 하는 것입니다. 친구들과 소통은 해야 하니 아주 짧은 시간 동안만 게임을 하게 하거나 강압적으로라도 아예 금지시킬 수만 있다면 미루기만 하던 숙제를 꼬박꼬박하고 부모 말도 잘 따르는 예쁜 아이로 돌아올 것 같거든요. 험한 말도 하지 않을 테고, 게임에서 졌을 때 소리를 지르거나 우는 모습도 보지 않을 수 있을 것이고요.

 아무리 아이가 성장하는 과정이기 때문에 게임에 빠질 수밖에 없다는 사실을 머리로 이해했다 하더라도 그동안 아이와 익숙하게 반복해온 상호작용 패턴이 있기 때문에 부모가 정해놓은 심리적 마지노선을 넘어서는 행동을 보이면 강압적으로 게임을 통제하는 방식으로 금방 회귀하게 될 수 있습니다.

그 이유는 **아직 여러분의 마음이 게임 세계 밖에 있기 때문입**니다. 아이의 또래 관계를 존중해 게임을 허용하려 해도 이내 너무 많이 하게 될까 불안한 마음이 생기거나, 몸으로 무엇을 말하는지 관심 있게 지켜보려 해도 그저 게임에 빠진 아이로만 보인다면 그때가 바로 여러분의 **관심과 초점을 게임 세계 안으로 옮겨야 할 때**입니다.

Quest
9. 왜 같이 해야 할까요?

 아이들이 어릴 때 놀이를 처음 배우는 장면들을 한번 생각해 보시죠. 어린 나이에 블록 쌓기를 하면 아이들은 블록을 다른 블록 위에 딱 맞춰 끼기 어려워합니다. 아직 소근육이 덜 발달되어 있어 손을 자유롭게 움직이기 어렵기 때문이기도 하거니와 무언가를 쌓아 올릴 때 밑바탕이 튼튼해야 블록을 높이 쌓을 수 있다는 기본 원리를 잘 모르기 때문이죠. 게다가 쌓고 싶은 구체적인 모양에 대한 이미지가 머릿속에 없는 경우가 많아 부모가 보기에 아이가 하는 행동은 무언가를 그럴싸하게 만든다기보다 그저 블록을 한데 모으고 있는 모습으로밖에 보이지 않습니다.

 아이의 모습을 지켜보다가 이대로 안 되겠다 싶은 생각이 들면 부모는 아이 곁으로 다가가 블록 쌓는 법을 알려줍니다. 블록을 잡고 있는 아이의 손을 잡아 돌출된 부위와 옴폭 들어간 부위가 딱 들어맞도록 직접 끼워주기도 하고, 높이 쌓으려면 밑부분을 넓고 튼튼하게 쌓아야 한다는 것도 차근차근 설명해주죠. 더 나아가 연습 삼아 집을 만들어보자고 제안하기도 할 것입니다. 집을 같이 만들던 중에 만약 아이가 블록을 집어 던진다면 이를 주워 주면서 무엇이 잘 안돼서 속상했냐고 물어보기도 하고, 블록 놀이를 하다 말고 다른 장난감을 꺼내오면 다 놀았으니 블록을 같이 치우자고도 할 것입니다.

또 다른 놀이의 예시를 들어보죠. 아이들은 부엌 놀이도 정말 좋아합니다. 키즈 카페에서 부엌놀이만 보이면 다가가 온갖 도구를 꺼내놓고 준비한 재료를 이용해 마치 엄마가 된 것처럼 열심히 요리를 합니다. 하지만 부엌 놀이를 처음 해보는 아이들은 무엇을 어떻게 갖고 놀아야 하는지 잘 모릅니다. 개수대에 온갖 도구를 넣어놓고 뒤적이며 놀거나 전자레인지를 인형이 잠자는 방처럼 사용하기도 하죠.

아이가 노는 모습을 지켜보다가 답답하다 싶으면 부모는 아이 곁으로 다가가 부엌 놀이를 어떻게 해야 하는지 알려줍니다. 개수대, 전자레인지, 냉장고의 사용법을 설명해주기도 하고, 각각의 도구는 무엇을 하기에 적합한지도 알려주죠. 칼로 야채를 썰면서, 혹은 가스레인지 위에 프라이팬을 올리고 재료를 볶아 가면서 직접 시범을 보여줄 수도 있습니다. 사용법에 대한 설명이 끝나면 본격적으로 엄마가 되어 음식을 만들어보도록 아이에게 요청하기도 할 겁니다. 채소를 씻어 프라이팬에 굽고 접시에 담아 수저와 함께 엄마에게 갖다 달라는 미션을 주는 것이죠. 그 과정에서 다른 친구의 도구를 빼앗아 오면 그 친구가 먼저 집었으니 다시 돌려주라고 타이르기도 할 것입니다. 마침내 힘들게 음식을 만들어오면 엄마는 가짜로 먹는 척을 하며 아이에게 정말 맛있게 잘 만들었다고 칭찬을 해줄 거예요. 그렇게 부엌 놀이는 마무리됩니다.

이처럼 아이들이 놀이를 처음 배울 때 도구를 어떻게 사용하는지, 어떤 방법으로 놀아야 하는지 몰라 우왕좌왕하고 있으면 부모는 직접 나서서 놀이의 방법을 설명해줍니다. 그리고 더 나아가서 놀이를 주도하며 이끌어 가기도 하죠. 하지만 게임은 다릅니다. 블록쌓기나 부엌 놀이처럼 부모가 먼저 나서서 게임 계정을 만드는 법이나 게임의 규칙을 알려주지는 않습니다. 하물며 주도적으로 플레이하는 모습을 보여주면서 아이를 게임의 세계로 이끄는 부모는 거의 없을 거예요.

 또한 정해진 시간이 되었을 때 게임을 잘 멈추게 하는 요령이나 게임을 다 마친 후 밀려오는 공허함을 다스리는 방법, 감정이 상했을 때 상대를 배려하며 내 마음을 표현하는 기술 같은 건 구체적으로 가르쳐주지 않을 것입니다.

 부모가 주로 하는 건 친구들 사이에서 게임을 배워온 아이와 게임하는 시간을 미리 정하고 약속한 시간이 다 되면 꺼야 한다고 알려주는 것입니다. 또는 숙제나 양치질 등 해야 할 일은 다 했는지 확인하거나, 게임할 때의 과격한 태도 등 보기에 좋지 않았던 행동에 대해 훈계할 수도 있겠죠. 이처럼 부모는 게임 외부의 세계에서 이성적으로 시간을 체크하거나 아이의 행동을 관찰하여 특정 시점에만 개입하려고 합니다.

 부모가 아이와 함께 블록을 쌓거나 장난감 재료로 요리를 할 수는 있어도 게임만큼은 최대한 피하려고 하는 이유는 게임을 생산적이지 않은 활동이라고 생각하기 때문일 것입니다. 게임은 시간을 죽이는 놀이, 집중해야 할 일에 전혀 도움이 되지 않는 놀이로 생각될 거예요. 게임 말고도 해야 할 게 많기 때문에 내 삶에 도움도 되지 않는 게임에 쓸 여유 시간은 없을 것입니다.

이뿐만 아니라 아이가 이미 게임을 하고 있다면 부모 내면에 '게임은 안 좋은 것'이라는 인식이 확고히 자리 잡았기 때문이기도 할 겁니다. 혹시라도 내 아이가 °슈팅 게임 속 캐릭터를 조종하며 상대방을 총으로 쏘는 것을 보기라도 한다면 아이에게 폭력성이 길러질까 봐 걱정할 수 있습니다. 팀으로 대결하는 게임에서 어떻게든 상대를 이기려고만 하는 모습을 보며 게임이 조장하는 지나친 경쟁심이 아이의 성격을 공격적이고 과격하게 만드는 것 같다고 느낄 수도 있죠. 게다가 게임을 하는 중에 아이가 습관적으로 욕을 내뱉거나 채팅으로 °패드립을 하고 키보드를 세게 내려치기까지 한다면 게임은 절대 해서는 안 되는 놀이로 여겨질 것입니다. 게임하는 아이를 말리는 것도 모자랄 판에 부모가 게임을 가까이하는 것은 말도 안 된다고 생각하실 거예요.

요즘 아이들이 즐겨 하는 게임은 비교적 플레이하기 쉬운 테트리스나 애니팡과 비교해 어른이 하기에는 많이 어렵다는 점도 게임을 피하게 하는 데 한몫을 합니다. 우선 테트리스나 애니팡은 한 손만으로 조작이 가능하지만 요즘 아이들이 하는 게임은 양손을 모두 사용해야 합니다. 왼손과 오른손이 상황에 따라 각기 따로 움직여야 하기 때문에 몸이 말을 듣지 않는 경험을 하실 수 있어요.

조작법뿐만 아니라 규칙을 이해하기 어려운 경우도 있습니다. 초등학생들이 좋아하는 브롤스타즈는 그나마 하기 쉬운 편이지만, 리그오브레전드는 여러 판을 반복해도 어떻게 플레이해야 하는지 이해가 잘 안 되실 것입니다.

게임을 설치하는 것도 일입니다. 모바일 게임의 경우 앱스토어나 플레이스토어에서 다운을 받을 때부터 막히는 부모님들이 꽤 많이 계세요. 다운을 받으려면 애플이나 구글 계정을 반드시 알고 있어야 하거든요. 계정이 기억나지 않는 경우엔 아이디와 비밀번호를 찾다가 진을 다 빼기도 합니다. PC 게임은 본인 인증을 위해 이메일 계정으로 인증 번호를 받아 입력해야 하는데 평소 이메일을 잘 사용하지 않는 분이라면 게임을 시작하기도 전에 마음을 접게 될 거예요.

이러한 이유로 인해 어쩌다 여유 시간이 생기면 유튜브는 보더라도 게임은 해야 할 필요성을 못 느끼실 거예요. 그런데요. 이렇게 부모가 게임을 부정적으로 보거나, **어렵다는 이유로 게임하기를 피하다 보면 아이는 게임하는 자기 자신을 조절하기가 점점 힘들어질 수 있습니다.** 이게 과연 무엇을 의미하는지는 다음 장에서 자세히 말씀드릴게요.

·슈팅게임
적의 공격을 피하면서 무기로 상대를 쏴 맞추는 게임 장르

·패드립
패밀리와 드립의 합성어로 남의 부모를 개그의 소재나 비하의 표현으로 삼는 발언

10. 아이 주변엔 '과몰입 모델'만 있습니다

자기 조절력에 영향을 미치는 요인은 정말 다양한데요. 제가 주목하는 요인은 바로 **모델링**입니다. 모델링은 다른 사람의 행동을 보고 의식적으로든 무의식적으로든 따라하는 것을 말합니다. 모방하는 것이죠. 아이들이 모델링을 통해 자기 조절력을 키워가는 사례는 주변에서 쉽게 찾아볼 수 있습니다.

초등학교 1학년 수업 시간을 보신 적 있나요? 공개수업에 다녀온 부모님들은 보신 적이 있을 겁니다. 보통 공개수업은 2학기에 많이 하는데요. 1학기에는 반이 바뀌게 되면서 새로운 친구들과 친해지는 데 시간이 필요하기도 하고, 선생님의 수업 스타일에 적응도 해야 하기 때문에 아이들의 몸과 마음이 새로운 환경에 적응한 시점인 2학기에 수업 시간을 주로 공개합니다.

1학년 1학기 수업 시간 아이 모습은 2학기 모습과는 많이 다릅니다. 처음 학교에 입학해 이제 막 초등학생이 된 아이는 40분이라는 정해진 수업 시간 동안 가만히 앉아서 수업 듣는 것을 많이 어려워하기 때문입니다. 수업 시간에도 화장실에 들락날락하고 선생님 말씀에 집중하는 시간도 많이 짧습니다. 그런 아이들이 2학기만 되어도 공개수업 장면에서 본 것처럼 40분의 수업 시간 동안 돌아다니지 않고 수업에 비교적 집중을 잘합니다. 수업 시간 동안 자신이 하는 행동을 비교적 잘 조절할 수 있게 된 것이죠. 그 이유는 바로 한 학기 동안 다른 친구들의 수업 태도를 자연스럽게 모델링하기 때문입니다.

 한 공간에서 수업을 듣다 보면 집중해서 친구의 행동을 지켜보지 않아도 자연스럽게 친구가 하는 말이 들리고 친구의 모습이 시야에 들어옵니다. 이런 상황에서 '저 친구는 쉬는 시간까지 기다렸다가 화장실에 가네?', '쟤는 수업 시간에 가만히 앉아서 선생님을 쳐다보네?'와 같은 생각이 들 수도 있고, 무의식적으로 그들의 행동을 모방할 수도 있습니다. 혼자 수업을 듣는 것이 아니기 때문에 아이들은 서로의 행동을 모델링하며 점점 자기 조절력을 키워갑니다. 이렇게 아이들은 선생님의 일방향적인 교육을 통해서만이 아니라 서로를 보고 배우면서도 성장합니다.

또 다른 예를 들어볼까요? 태어난 지 얼마 안 된 아이는 지을 수 있는 표정이 몇 가지 없습니다. 대부분 울거나 웃거나 둘 중 하나죠. 그런데 시간이 지나면서 표정이 아주 다양해집니다. 아빠가 놀리면 삐친 표정을 짓기도 하고, 형이 장난감을 빼앗으면 화난 표정도 짓습니다. 엄마가 동생만 예뻐하면 질투 어린 표정을 짓기도 하죠. 화난 표정은 미간을 힘껏 모으고 얼굴을 찡그리는 것이라고 누군가가 알려주지 않았음에도 아이는 자연스럽게 자신이 느끼는 감정에 따라 다양한 표정을 짓습니다. 자기를 바라보며 특정 상황에서 보여준 상대의 표정을 모델링 한 것입니다.

이제 다시 게임으로 돌아와 보겠습니다. 아마 모든 부모님이 우리 아이가 적당한 시점에 게임을 끄고, 게임 속에서 화가 나는 일을 경험했더라도 쉽게 진정하며, 게임 생각이 나더라도 해야 할 일을 먼저 하는 등 스스로의 행동을 조절할 수 있게 되길 원하실 거예요.

그렇다면 아이가 그렇게 할 수 있도록 게임 조절 모델로서의 역할을 해주는 사람이 아이들 주변에 누가 있을까요? 안타깝게도 아무도 없습니다. 오히려 게임 과몰입 모델만 있는 것이 문제입니다. 아이에게 "너 요즘 게임을 너무 많이 하는 것 같아. 좀 줄여!"라고 이야기하면 아이는 이렇게 대답할 것입니다.

"내가 친구들 중에서 제일 적게 해!"

아이들은 친구를 통해 새로운 게임을 배워 오거나 현질을 하면 얼마나 게임이 재미있어지는지도 알게 됩니다. 또한 시간제한 프로그램을 어떻게 우회하는지 배우기도 하고, 놓쳤던 게임의 이벤트 기간이 언제인지도 알게 되죠.

안타깝게도, 내 아이의 친구 중에는 부모와 약속한 시간이 다 됐다고 해서 제때 종료하는 친구는 거의 없을 겁니다. 모두들 게임을 더 하고 싶어 하고, 머릿속이 게임 생각으로 가득 차 있죠. 친구는 우리 아이의 조절력이 발달하도록 도와주는 모델이 되기 어렵습니다.

유튜브나 SOOP을 켜면 만날 수 있는 유튜버나 스트리머들도 과몰입 모델 중 하나입니다. 그들은 장시간 게임하며 찍은 자신의 게임 화면을 올리기도 하고, 특정 캐릭터로는 어떻게 플레이해야 하는지 실시간으로 보여주기도 하죠. 아이들은 그 영상을 보며 대리만족을 느끼거나, 게임 실력을 높일 수 있는 조작법과 기술을 배우곤 하는데요. 동시에 오랜 시간 동안, 그리고 많은 현질을 해가면서 게임하는 그들의 플레이 방식을 비판 없이 수용합니다. 또한 그들이 사용하는 비속어나 상대를 비하하는 말도 자연스럽게 흡수해 일상생활에서 아무렇지 않게 입 밖으로 꺼내기도 하죠.

그렇다면 집에는 누가 있을까요? 게임 회피 모델만 있습니다. 이는 바로, '게임은 나쁜 것이야.', '게임은 하면 안 돼.'라고 부정적인 메시지를 전달하며 게임 자체를 거부하는 부모입니다. 한편으론 아이들이 부모를 보며 게임을 부정적으로 바라보는 태도를 모델링 해주면 참 좋겠지만 그렇게 하지는 못합니다. 오히려 자신이 정말 좋아하는 놀이를 이해해주지 못하고 무조건 못 하게 막는다고만 생각해 스트레스받아 하죠. 멈추고 싶어도 멈춰지지 않으니 점차 부모 몰래 게임을 하거나 하고도 안 했다고 거짓말을 하기도 하며, 나중에는 아예 대화를 거부하면서까지 게임을 하기도 합니다.

가정 내에는 종종 게임 과몰입 모델도 있습니다. 퇴근 후에 혼자 방에서 게임을 즐기는 부모님들도 계시거든요. 물론 그날 받은 스트레스를 풀기 위해 게임을 즐기는 것일 수 있지만 게임을 하는 시간이 길거나 게임을 하면서 과격한 모습을 보여준다면 아이는 그 모습을 자연스럽게 모방할 수도 있습니다. 만약 학교나 학원이 아니라 집에 게임 과몰입 모델이 있다면 아이들은 아주 이른 나이에 게임을 시작하게 되고 멈춰야 한다는 감각 없이 게임을 하게 될 가능성이 높겠죠.

아이들 곁에는 게임을 어떻게 조절하는지 몸소 보여줄 본보기가 반드시 필요합니다.

부모님들께서 못마땅해하는 대표적인 행동 중 하나가 정해진 시간을 어기면서 게임을 하는 것입니다. 그냥 전원 버튼만 누르면 되는 것을 왜 그렇게 어려워하는지 모르겠다고 하시는 부모님들 많이 계신데요. 아이들에게는 그게 그렇게 간단하지 않습니다.

생각해보시죠. 드라마를 보고 있는데 클라이맥스에서 전원을 쉽게 끄실 수 있을까요? 배우자가 그 상황에서 강제로 TV를 껐다면 궁금하면서도 찝찝한 그 마음이 쉽게 진정될까요? 물론 성인이기 때문에 부모가 게임을 강제로 껐을 때 보이는 아이의 행동보다는 낮은 강도로 불만을 표현하겠지만 돌부처처럼 내면의 평화를 유지하는 분은 없을 것입니다. 다음 장면이 머릿속에 계속 떠오를 테고요. 다음날 유튜브에 올라온 숏츠를 보거나 다시 보기를 통해 반드시 그 장면을 다시 보고 싶으실 겁니다.

 몰입되어 있던 것에서 벗어나는 일은 그만큼 어렵습니다. 게임도 마찬가지예요. 그렇기에 조절에 대한 모델링도 필요하거니와, 수차례 반복적인 연습과 함께 실패를 거듭하더라도 해낼 수 있다는 주변의 지지가 더해져야 점차 조절력이 키워질 수 있습니다.

 아이들은 아직 다 자라지 않았습니다. 성장 중이죠. 당연히 자기 욕구와 행동을 조절하는 것에 어려움이 따를 수밖에 없습니다. 게다가 주변에 자기 행동을 조절하지 못하는 사람이 많다면, 자기 조절에 실패할 확률은 훨씬 높을 것입니다. 이것이 부모가 아이와 함께 게임 세계 속으로 들어가야 하는 이유 중 하나입니다.

11. 부모가 먼저 좋은 본보기가 되어주세요

 혹시 수영 배워보셨나요? 저는 6살이 되었을 무렵 처음 수영을 배웠습니다. 제가 평소에 물을 무서워해 물과 친해질 수 있도록 어머니께서 수영 학원에 보내셨어요. 그런데 결국 물을 극복하지 못하고 발차기만 익힌 채 수영 학원을 그만두었습니다. 발차기 연습을 다 마치고 자유형 연습을 시작한 날, 선생님이 잠시 다른 친구를 봐주는 사이 그만 수영장 물을 엄청 먹어버렸거든요. 너무 겁이 나서 그 후로는 수영장에 가지 못했습니다. 워낙 많은 아이들이 수영 강습을 받고 있었기 때문에 선생님께서 저에게 많은 시간을 할애하기 어려우셨을 겁니다. 제가 동작을 하면 짧게 자세를 잡아주곤 이내 다른 아이에게로 옮겨가셨어요. 대신 제가 혼자 발차기를 하고 나아가면 멀리서 "팔을 더 들어라.", "발을 더 세게 차라."와 같이 말하는 방식으로 자세를 교정해주셨습니다.

 시간이 흘러 고등학교 1학년이 되었을 때, 다시 수영을 배워보기로 마음을 먹었습니다. 수영을 배우는 것이 즐겁다던 한 친구가 꼬드겼거든요. 수영을 배우는 것에 실패한 경험이 있어서 걱정했지만 한 달 만에 접영까지 모든 영법을 할 줄 알게 되었습니다. 이후엔 시에서 열린 수영 대회까지 나갔으니 엄청난 발전을 한 것이죠. 비록 수영을 오래 배운 사람에 한참 못 미치는 실력이라 좋은 성적을 거두진 못했지만 결과와 상관없이 단기간에 물을 극복하고 대회에 출전할 수 있었다는 사실만으로도 충분히 만족스러워했던 기억이 납니다.

 그렇게 무서워하던 물과 친해지고, 또 짧은 기간 안에 모든 영법을 익힐 수 있었던 이유는 바로 선생님 덕분이었습니다. 어렸을 때 가르쳐주셨던 선생님과 달리 고등학교 때 수영을 가르쳐주신 선생님은 수영을 배우는 시간 내내 제 곁에 계셨거든요.

 제가 어릴 때 수영을 배우다 물을 먹고 도중에 그만두었다는 이야기를 들어서 그런지 선생님은 가까이에서 저를 꼼꼼히 봐주셨습니다. 제가 잠수를 할 때마다 선생님도 같이 물속으로 들어가 잘하고 있는지 세심하게 살펴주시는 식이었죠. 발차는 법을 직접 보여주기도 했지만 제가 발차기를 하고 나아가면 제 뒤를 쫓아다니면서 다리를 바르게 잡아주셨어요. 영법을 배울 때에는 수영장 시작 지점에서부터 끝까지 함께 나아가며 옆에서 제 팔을 돌려주기도 하고 휘청거리는 제 몸을 잡아주기도 했습니다. 쉬는 시간에도 물 밖으로 나가지 않고 물속에서 장난을 치거나 재미없는 농담을 건네기도 하며 물속이 물 밖보다 재미있을 수 있음을 온몸으로 직접 보여줬습니다.

피아노 역시 선생님을 잘 만난 덕에 쉽게 배울 수 있었습니다. 선생님께선 늘 옆에 앉아 제가 수업을 잘 따라오고 있는지, 놓치고 있는 부분은 없을지 살펴주셨어요. 건반을 치는 내내 곁에서 손가락 파지법도 교정해주고, 연습이 특히 더 필요한 구간은 제가 감을 익힐 수 있게 여러 차례 직접 연주해주시곤 했습니다. 덕분에 딴청을 피우지 않고 피아노를 배울 수 있었죠.

수영이나 피아노를 배울 때만 해당되는 이야기는 아닐 거예요. 효과적인 교육이 이뤄지려면 그것이 어느 영역이든 선생님은 가르침의 현장에 들어가 배우는 사람 곁에 있어야 합니다. 그래야 근거리에서 배우는 사람의 부족한 점을 자세히 파악할 수 있고, 배우는 사람도 자신을 가르치는 선생님의 시범과 행동을 보며 선생님을 닮아가려는 노력을 할 수 있죠. 게임도 마찬가지입니다. 진정으로 아이의 게임 조절 능력을 키워주고 싶다면 그 능력이 자랄 수 있도록 가르치고자 하는 영역의 맥락 속으로 부모가 들어가야 합니다. 부모가 직접 게임 조절 능력을 키워주는 모델이 되는 것이죠.

그렇다면 게임 조절 모델은 어떻게 될 수 있을까요?

아이가 즐기고 있는 게임을 함께 하시면 됩니다.

시간가는 줄 모르고 그저 아이와 같이 즐기라는 의미는 아닙니다. 함께 게임을 하며 조절 모델이 되어준다는 것은 행동 조절의 본보기가 되어주는 것을 의미하기 때문입니다. 게임을 같이 하는 플레이어임과 동시에 본보기가 되어주는 교육자로서의 역할을 하는 것이라고 생각하시면 좋을 것 같습니다.

게임 조절 모델이 되어주기 위해서는 두 가지 목표를 모두 염두에 두는 것이 필요합니다. 첫 번째는 아이와 게임을 하는 시간만큼은 아이가 그 시간을 만족스럽게 느낄 수 있도록 진심을 다해 즐겁고 신나게 게임을 하는 것입니다. 두 번째는 아이가 부모의 행동을 모델링 할 수 있도록 바람직한 행동을 보여주는 것입니다.

상담을 하면서 부모님들께 이렇게 요청드리면 많은 분이 두 번째 목표만 시도해봅니다. 게임은 하지 않으면서 말로 바람직한 행동을 설명해주시는 것이죠. 그런데요. 부모가 게임을 함께 진정으로 즐겨야 비로소 게임 세계 내부에서 아이를 만날 수 있습니다. 그리고 아이가 부모로부터 플레이어로서의 동질감을 느낄 수 있어야 모델링의 과정이 교육적인 효과를 발휘할 수 있습니다.

그럼, 어떻게 게임 조절 모델이 되어주면 되는지 대표적인 세 가지 방법을 설명해보겠습니다.

첫 번째, 약속한 시간에 게임 종료하기

게임 조절 모델이 되기 위해서는 부모가 아이와 게임을 같이 하다가도 정해진 시간이 되면 부모가 주도적으로 게임을 끄는 모습을 보여줄 수 있어야 합니다. 아이는 게임이 너무 재미있어서 혹은 지거나 비겨서 속상해진 마음에 한 판만 더 하자고 할 수 있습니다. 초기에는 몇 판 더 할 수 있겠지만, 서로 유대감이 생겼다고 판단되는 시점부터는 강단 있는 모습으로 아이를 대하서야 합니다. "같이 해서 정말 재미있었지만 오늘은 약속한 대로 여기까지 하자."라고 말하며 부모가 먼저 솔선수범하는 모습을 보여주는 것이죠.

두 번째, 감정을 다스리는 과정을 함께 하기

게임을 하면서 이길 수 있었지만 안타깝게 지게 된 상황이 발생한다면 아이와 똑같이 화를 내거나 욕을 하는 것이 아니라, 답답해하는 아이를 꼭 안아주거나 우리 다음에는 꼭 이기자고 용기를 북돋아 주는 모습을 보여주는 것이 좋습니다.

또한 게임을 종료한 후에도 아이는 이기지 못해 기분이 찝찝한 상태일 수 있기 때문에 이러한 감정을 어떻게 해소하는 것이 좋은지도 부모가 몸소 보여주면 좋습니다. 예를 들어 게임을 멈춘 후 바로 간식을 함께 먹으며 게임에서 왜 졌는지, 앞으로 어떻게 플레이하면 좋을지 등을 이야기할 수 있을 것입니다. 또는 손잡고 밖으로 나가 동네 한 바퀴를 돌며 기분을 환기시켜주는 방법이 있을 수 있겠죠.

세 번째, 해야 할 것을 먼저 하고 게임하기

숙제를 하기도 전에 먼저 게임을 하고 싶어 하는 아이에게는,

부모가 게임을 하고 싶어 하는 마음을 참으며 해야 할 일을 먼저 하는 모습을 반복적으로 보여줘야 합니다. 예를 들어 "아빠가 지금 설거지해야 하니까 너도 그동안 잠깐 책 읽고 우리 30분 뒤에 만나서 같이 게임하자."라며 각자 할 일을 다 한 후에 게임을 하자고 약속할 수 있을 것입니다.

 종료 시간을 지키고 스스로 감정을 조절하며 우선순위를 설정하는 것이 몸에 배도록 돕는 부모의 이러한 행동은 아이가 숙제나 독서, 취침 등의 해야 할 것과 게임 사이에서 홀로 갈등하게 내버려두는 것과는 완전히 다릅니다. 또한 아이 스스로 게임을 멈추고 불쾌한 감정도 알아서 해결하도록 지켜보는 것도 아니죠. 이는 게임을 멈추는 것에서부터 게임이 사라진 빈자리를 다른 것으로 채우는 과정을 부모가 동행하는 것이라고 할 수 있습니다.

 물론 게임 조절 모델이 되어 부모가 아무리 바람직한 모습을 보여줘도 아이의 행동이 당장 바뀔 수는 없습니다. 부모와 같이 게임을 하지 않을 땐 정해진 시간 약속을 어길 수도 있고 게임을 먼저 한 후에 숙제를 하겠다고 할 수도 있습니다. 모델링이란 자신도 모르는 사이에 모델과 닮아가는 과정이기 때문에 기대하시는 것보다 다소 속도가 느릴 수는 있을 거예요. 하지만 장기적으로 보면 잔소리하거나 시간제한 프로그램으로 아이의 게임 사용 시간을 통제하는 방법보다는 훨씬 효과적입니다.

부모님 중에 게임을 무조건 부정적으로 보거나 하기 싫어하시는 분만 계시지는 않습니다. 어릴 때 게임을 많이 했던 분들도 계시거든요. 게임에 빠져있는 아이와의 상담 첫 회기를 마치고 한 내담자의 아버님을 만났던 기억이 납니다. 부모가 아이와 같이 게임을 하며 게임 조절 모델이 되어주셔야 한다고 말씀드렸더니, 자신 있는 말투로 지금 주말마다 아이와 열심히 게임을 하고 있다고 하시더라고요. 그 대답이 너무 반갑게 느껴져서 얼마나 하시는지 여쭤봤더니 주말이면 아침에 일어나서부터 밥 먹는 시간 빼고 거의 10시간 정도는 한다고 하시더라고요. 반가운 마음은 이내 걱정스러움으로 변했습니다.

게임을 아이와 같이 하는 것은 좋은 현상이지만 이렇게까지 오랜 시간 게임을 하는 것은 게임 조절 모델이라기보다는 게임 과몰입 모델이라고 할 수 있습니다. 조절 모델은 부모 자신이 하는 행동을 아이가 보고 의식적이든 무의식적이든 보고 배울 수 있어야 합니다. 그런데 일어나서 하루 종일 게임만 한다면 그 과정에서 아이는 적당히 즐기고 멈출 수 있는 조절 능력을 배우기는 어렵습니다.

 게임 과몰입 모델에 지속적으로 노출될 경우 아이는 밥을 먹거나 숙제하는 것을 미루면서까지 게임을 해도 되는 것으로 당연하게 생각할 수 있고, 만약 엄마가 아이에게 게임을 그만하라고 훈육하려 한다면 "아빠도 게임 많이 하는데 왜 나한테만 그만하라고 해요?"라고 반발할 수도 있습니다.

 술은 어른에게 배우라는 말이 있습니다. 술을 먹을 수 없는 아이들에게 몸에 좋지도 않은 술을 왜 어른으로부터 배우라고 했을까요? 술을 처음 마실 때, 이제 막 성인이 된 아이는 마시는 행위에만 집중합니다. 하지만 어른에게 미리 술을 배우면 술 마시는 행위 외에 다양한 것을 보고 배울 수 있습니다.

 어른에게 술을 배우면, 연장자로부터 술을 받을 때 양손으로 받고, 마실 땐 고개를 옆으로 돌려야 하고, 마신 후에도 조심히 상 위에 올려야 하는 등의 술상 예절을 배우게 됩니다. 또한 술은 스스로의 행동을 조절할 수 있을 때까지만 마셔야 한다는 것도 배웁니다. 보통 술 마시는 법을 가르치는 사람은 아이 앞에서 인사불성이 되도록 마시지 않거든요. 적당히 기분 좋을 때까지 마시고 멈추죠. 설령 평소에 취할 때까지 마시는 사람이라고 하더라도 술을 가르치는 어른은 아이에게 최대한 자신을 잘 조절하는 모습을 보이려 애쓰기 때문에, 이제 막 성인이 된 아이는 그 모습을 보며 자신이 취하더라도 다른 사람에게 피해를 주면 안 된다는 것도 깨닫게 됩니다. 또 아이가 술을 마셨을 때 보이는 행동을 어른이 보고 교육적으로 조언해줄 수 있기 때문에 아이 자신은 알지 못하는 술 마실 때의 행동을 제3자의 시각으로 새롭게 알게 됩니다.

물론 술이 몸에 좋은 것은 아니지만, 마시게 되었을 때 실수할 수 있는 가능성을 줄여주고 싶은 것이 어른들의 마음일 겁니다. 어른들 또한 과거의 경험을 통해 술 마실 때의 예절과 바람직한 행동을 알려주기 위한 모델링이 필요했다는 걸 알고 있었던 것 같습니다.

어른들에게 익숙한 술을 예시로 설명해보았습니다. 지금까지 자신이 왜 아이에게 게임 조절 모델이 되어주어야 하는지 이해하기 어려우셨던 부모님들께 이 예시가 도움이 되었길 바랍니다.

12. 잔소리보다 행동으로 보여주세요

 아이는 숙제보다 게임이 더 재미있기 때문에 게임을 우선시하기도 하지만, 엄밀히 말하면 게임보다 숙제를 먼저 하는 법을 모른다고도 할 수 있습니다. 하고 싶은 것이 있어도 눈 딱 감고 해야 할 것을 먼저 하면 된다고 생각할 수 있지만, 자기 조절력이 자라나고 있는 시기에 하고 싶은 게임을 뒤로 미루고 숙제를 먼저 하는 것은 굳은 의지만으로는 어렵습니다.

 아이들은 게임에서 졌을 때 분한 마음을 어떻게 다스려야 하는지 역시 잘 모릅니다. 분노, 억울함, 속상함, 슬픔 등의 감정은 느껴지는데 그 감정을 어떻게 추스르고 주변 사람들에게 피해를 주지 않는 수준에서 적당히 표현할 수 있을지 제대로 배운 적이 없기 때문이죠.

또한 원치 않게 부모에 의해 게임을 종료하게 되면 **그 불편한 마음을 어떻게 해소할 수 있는지도 알지 못합니다.** 아이들이 게임을 종료할 때 느끼는 불편한 감정 중 하나는 죄책감이에요. 게임 시작 전에 '꼭 정해진 시간에 끌 거야.'라고 부모 또는 스스로와 약속하고도 못 지키는 경우가 많기 때문이죠. 하지만 아이는 이러한 감정이 내면에 가득 차는 순간 이를 효과적으로 처리하는 법을 어디에서도 배운 적이 없습니다.

아이들이 게임을 하며 부정적인 언어를 사용하거나 폭력적인 행동을 보일 때 부모로부터 주로 듣는 말은 "그럴 거면 게임하지 마.", "왜 이렇게 약속을 안 지키니?"와 같은 잔소리예요. 부모는 이미 여러 번 주의를 준 상태에서도 반복되는 이 상황이 지겨우니 잔소리를 하는 것이지만, 당연히 이런 공격적인 언어로는 아이들이 스스로의 행동을 조절하는 방법을 배우기 어렵습니다.

사실 아이 내면에는 게임이 너무 하고 싶더라도 해야 할 것이 있다면 어떻게 해야 할 일에 몰입할 수 있을지, 게임을 하다가 화가 났을 때 어떻게 진정할 수 있는지, 게임 속에서 상대가 자신을 비난했을 때 어떻게 표현하면 좋을지 참고할만한 경험적 데이터가 아직 충분하지 않습니다. 그런데 이러한 경험적 데이터는 저절로 생겨나지 않아요. 사람 또는 주변 환경과 상호작용을 하며 특정 상황에 해야 할 행동 기준을 내면에 차곡차곡 저장해야 하고, 그 기준을 근거로 행동했을 때 현재 상황과 맞는지, 맞지 않는지도 여러 번의 시행착오를 통해 확인해야 하기 때문입니다. 따라서 **우리 아이가 게임을 할 때 바람직한 행동을 하기 원하신다면 아이가 다양한 조건에서 참고할 만한 경험적 근거를 만들어주셔야 합니다.** 부모가 아이와 같이 게임을 하며 직접 본보기가 되어주는 방식으로 말이죠.

게임 조절 모델에 대해 이야기할 때면 항상 희찬이가 먼저 떠오릅니다. 희찬이는 초등학교 4학년 학생이었어요. 그 아이는 학원에 갔다 오면 바로 PC를 켜서 자기 전까지 게임을 했습니다. 밥 먹을 때는 스마트폰으로 또 다른 게임을 하며 밥을 먹었고, 게임을 하느라 매일 자정 넘어 잠에 드는 것은 일상이었죠.

게임 좀 적당히 하라고 엄마가 잔소리하면 희찬이는 그 말을 무시하거나 화나는 말투로 거칠게 자기감정을 표현하는 등 둘은 게임으로 인해 다투는 날이 많았습니다. 한번은 엄마가 밥을 먹을 때만큼은 스마트폰을 끄라고 여러 차례 말을 해도 희찬이가 말을 듣지 않자 스마트폰을 강제로 빼앗았다가, 스마트폰을 되찾기 위해 달려든 희찬이와 몸싸움까지 벌였다고 합니다. 이렇게 게임으로 인해 엄마와의 갈등이 심각해지고 있는 상황에서 희찬이를 만나게 됐습니다.

그동안 희찬이가 게임을 할 때마다 잔소리를 하거나, 게임을 못 하게 스마트폰을 강제로 빼앗을 수밖에 없었던 어머님의 입장은 이러했습니다. 희찬이의 아버지는 새벽부터 출근해 밤늦게 집에 돌아오고 주말에도 일하러 나가는 경우가 많았는데요. 어머님은 희찬이보다 4살 어린 동생까지 혼자 돌봐야 하기 때문에 희찬이에게 신경을 덜 쓸 수밖에 없었다고 합니다. 손이 더 많이 가는 둘째를 집중적으로 돌보느라 희찬이가 스스로 알아서 해야 할 일을 잘하기를 바랐다고 해요. 이미 희찬이가 다 컸다고 생각하신 거죠. 그런데 중간중간 희찬이가 잘하고 있나 확인을 해보면 항상 게임만 하고 있었다고 합니다. 그래서 반복적으로 잔소리를 하게 됐던 것이죠.

반면 아이 말에 따르면 집에서 아무도 자신에게 신경 쓰지 않아 자연스럽게 게임을 하게 되는데, 한창 재미있게 하고 있으면 갑자기 게임을 그만하라는 잔소리를 듣는다고 하더군요. 물론 이번 판만 하고 끄라고 엄마가 미리 예고를 하기는 하지만 게임을 꺼도 엄마는 동생만 신경을 쓸 것이고, 할 게 마땅히 없어서 심심한데 숙제는 하기 싫고, 게임 말고 무엇을 해야 할지 잘 모르겠다고 하더라고요.

 많은 가정에서 아이가 게임을 멈추도록 하기 위해 주로 사용하는 방법이 "그만해.", "숙제는 했니?", "약속 시간 다 됐다."와 같은 잔소리를 하는 것입니다. 물론 게임에 몰입하고 있는 아이를 현실로 돌아오게 하기 위해서 게임을 멈추라고 알려주는 것은 반드시 필요합니다. 하지만 이러한 알림 행위는 게임에 몰입되어 있다가도 정해진 시간이 됐을 때 게임을 꺼본 경험이 내면에 누적되어 있어야 효과가 있습니다.

 희찬이는 항상 혼자 게임했습니다. 게임하는 상황에 관심을 갖는 사람은 아무도 없었죠. **엄마는 게임을 꺼야 하는 순간이 왔을 때만 희찬이에게 관심을 가졌어요.** 이 재미있는 게임을 끄는 방법으로 잔소리를 듣는 것 외에는 다른 경험을 해보지 않았던 희찬이는 반복적으로 자기 조절에 실패할 수밖에 없었던 것입니다.

저는 상담하는 과정에서 희찬이와 많은 시간 함께 게임을 했습니다. 주로 브롤스타즈나 로블록스의 °라이벌 같은 모바일 게임을 했어요. 이때의 규칙은 딱 세 판만 하는 것이었습니다. 마지막 판에 지든 이기든 세 판만 하고 멈추는 것이었어요. 우리는 그 시간에 상담이라는 '해야 할 것'이 있었기 때문입니다.

 처음에 희찬이는 세 번째 판을 다 하고 한 판만 더 하자고 많이 졸랐습니다. 상담 초기에는 4판, 5판까지 하기도 했지만 상담 회기가 거듭되면서 3판이 되었을 때 제가 먼저 게임을 끄며 멈추는 모습을 보여주었습니다. 대신 게임을 마치고 난 후 바로 상담으로 들어가는 것이 아니라 게임 중에 있었던 상황이나 각자의 플레이 방식에 대해 5~10분 정도 이야기를 나눴습니다. 점차 희찬이는 게임을 3판 하고 난 후 더 이어가자고 조르지 않았고 게임을 다 하고 나서도 저와의 대화에 잘 집중하게 되었습니다. 몰입되어 있던 게임 세계에서 현실로 집중력을 전환시키는 데 있어 게임에서 벌어진 일들을 이야기하는 것이 효과적이었습니다. 같이 게임을 했기 때문에 게임 속에서의 상황을 공유하고 있어 주거니 받거니가 잘 됐거든요.

 이렇게 희찬이가 달라질 수 있었던 이유는 집에서도 희찬이가 어머님과 게임을 함께 하며 자연스럽게 자기 조절력을 키워가는 상황을 경험했기 때문입니다. 저만 게임을 같이 하는 것이 아니라, 상담을 마치고 집에 돌아가서도 어머님이 희찬이와 같이 게임을 하도록 협조를 부탁했거든요. 게임 조절 모델에 대해 설명해드리고 아이와 주 3일은 하루에 5판정도 게임을 함께 하도록 숙제를 드렸죠. 당연히 그 과정에서 행동의 본보기가 되어주도록 요청했습니다.

저와 게임을 할 때처럼 희찬이는 집에서도 초반엔 약속한 양보다 게임을 더 하겠다고 떼를 썼어요. 한번은 어머님이 상담실에 오셔서 본인이 아이와 게임을 하게 된 후로 아이가 마음 놓고 게임을 더 많이 하려고 한다며 이렇게 하는 것이 맞는지 의구심을 표현한 적도 있었습니다. 그럼에도 어머님께 멈추지 말고 지속적으로 희찬이와 같이 게임을 하며 정해진 게임 양을 다 채우면 멈추는 연습을 해달라고 부탁드렸습니다.

또한 희찬이는 평소 게임하면서 격해지는 감정 때문에 자주 울었다고도 하는데요. 그럴 때는 둘 다 게임을 잠시 끄고 진정될 때까지 어머님이 희찬이를 안아주도록 요청드렸습니다. 게임을 끄고 나면 항상 흥분해 있는 희찬이를 달래기 위해 간식을 주거나, 기회가 되면 둘째와 함께 다 같이 놀이터에 나가는 등 게임을 끄고 난 후 함께 할 수 있는 여러 가지 활동도 제안드렸었지요.

상담을 종결할 무렵 희찬이는 함께 게임을 하고 있다가도 엄마가 먼저 게임을 끄자고 하면 그 말을 곧잘 따르는 아이가 되었습니다. 오히려 게임 다 하고 나서 엄마와 놀이터에 가거나 같이 이야기하는 시간이 더 기다려진다고 말하기도 하더군요. 물론 여전히 혼자 게임을 하도록 두면 약속한 시간을 넘기는 경우도 많지만, 게임을 꺼야 할 때 드러내던 짜증스러운 표정과 말투는 많이 사라졌다고 합니다.

게임 좀 적당히 하라고 말하는 이유는 분명합니다. 아이가 숙제도 열심히 하고, 밥도 잘 먹고, 잠도 제때 자고, 게임하면서 비속어도 안 쓰게 되길 바라는 마음 때문이죠. 하지만 그 바람을 현실로 만들기 위해서는 기존에 사용하던 방법들, 예를 들면 잔소리를 하거나 혼을 내고, 더 나아가서는 스마트폰을 무작정 빼앗는 것만으로는 아이를 변화시키기 어렵다는 것을 기억해주셨으면 합니다.

직장 생활을 하기 때문에 퇴근 후에는 너무 피곤할 수도 있고, 집안일을 하느라 바빠 매번 아이와 같이 게임을 할 수는 없을 것입니다. 하지만 많은 횟수는 아니어도 좋습니다. 잠깐이라도 짬을 내어 아이와 같이 게임을 하면서 바람직한 행동의 본보기를 보여줘 보세요. 천천히 변화되어가는 아이를 보게 되실 것입니다.

용어 설명

- **라이벌**
로블록스 내에 있는 1인칭 슈팅 게임

13. 같이 게임할 '적절한 타이밍'은 언제일까요?

아이에게 게임 조절 모델로서 역할을 언제부터 해줘야 할지 궁금하실 것입니다. 앞서 술은 어른에게 배우는 것이라는 말을 인용해서 아이들에게 게임 조절 모델의 필요성을 설명해드렸는데요. 아주 어린 아이 때부터 어른이 아이에게 술을 가르치는 것이 필요하다고 생각하는 부모님은 없으실 거예요. 사람마다 술자리 교육이 필요하다고 느끼는 시점이 다르긴 하겠지만, 아이가 술자리를 하게 될 시기보다 먼저 교육이 이뤄진다면 아이가 또래와 술을 마실 때 스스로를 조금 더 잘 조절할 수 있을 것이라는 생각에는 모두 동감하실 것입니다.

게임 조절 모델이 되어주는 것 역시 과도하게 일찍부터 시도하실 필요는 없습니다. 아이는 게임을 전혀 모르고 게임할 생각이 전혀 없는데 조기 교육이 중요할 것 같아 아무것도 모르는 아이에게 굳이 게임의 세계를 알려주는 것은 오히려 역효과를 불러일으킬 수 있어요.

아이와 같이 게임을 하시라고 권하고는 있지만 그럼에도 저는 스마트폰을 아이들 손에 늦게 쥐여주면 쥐여줄수록 아이가 건강하게 성장하는 데 있어서 얻을 수 있는 이득이 훨씬 많아진다고 생각합니다. 아마 저뿐만 아니라 대부분의 부모님들 역시 아이가 가급적 늦게 스마트폰이나 게임을 접하기를 원하실 거예요.

아이 주변에 게임 과몰입 모델이 많아지는 시기가 언젠가는 찾아오게 되는데요. 바로 그때가 아이와 같이 게임을 하면 좋은 적당한 시점이 아닐까 생각합니다. **친구들을 통해 요즘 유행하는 게임이 무엇인지 알게 되면서 부쩍 게임을 시켜달라고 조른다거나 떼를 쓰고, 게임 영상을 틀어달라고 요구할 때가** 게임 조절 모델이 되어주어야 할 시점이라고 볼 수 있습니다.

이때부터 게임을 어떻게 조작하고 플레이해야 하는지 아이와 같은 출발선에 서서 함께 익혀 나가보세요. 아이가 게임의 규칙이나 캐릭터 종류, 플레이 방식 등을 잘 알지 못하는 상황에서는 부모가 아이와 같이 게임을 하기 전에 별도로 게임에 대해 공부를 하셔야 합니다. 선생님이 학생을 가르치듯 아이에게 효과적으로 게임을 알려주기 위해 게임 이해를 돕는 영상을 몰래 찾아보기도 하고, 미리 혼자 연습을 해보기도 하면서 부모가 먼저 게임에 익숙해져야 해요. 그래야 부모가 아이에게 게임을 알려주면서 함께 즐길 수 있습니다. 조금만 알려줘도 신기해하면서 신나 하는 아이의 표정을 확인할 수 있을 거예요. 아이가 주변에 있는 게임 과몰입 모델들보다 더 먼저 게임 조절 모델과 관계를 맺고 부모와 함께 즐겁게 게임하는 경험을 내면에 누적시켜나가다 보면, 생각보다 빠르게 부모의 행동을 모델링하며 부모와 함께 정한 게임 사용 규칙을 잘 따를 수 있게 될 것입니다.

이미 게임을 많이 하고 있는 아이의 부모님들 역시 이 책을 읽고 게임 조절 모델이 되어보려는 마음을 품으셨을 수 있을 것입니다. 만일 평소 게임을 많이 해보지 않은 분들이라면 어떻게 조작해야 하는지, 어떤 규칙으로 플레이해야 하는지 모르기 때문에 아이에게 제대로 된 본보기가 되어 줄 수 없을 것 같다고 생각하실 수 있습니다. 아이가 이미 게임에 과몰입 하고 있는 수준인데 게임도 못 하는 자신이 어떻게 본보기가 되어줄 수 있는지 의구심이 드실 수도 있어요.

하지만 게임 조절 모델은 게임 승률을 높이거나 신기하고 재미있게 플레이하는 방법을 알려주는 사람이 아닙니다. 그런 사람은 이미 아이 주변에 차고 넘칩니다. 친구들과 함께 게임을 하거나 유튜브 방송만 봐도 그런 것들은 쉽게 배울 수 있어요. 게임 조절 모델은 게임을 하면서 조절이 쉽지 않은 영역에 대한 자기 조절력이 자라날 수 있도록 도와주는 사람입니다. 그렇기 때문에 게임을 잘하지 못하더라도 누구나 의지만 있다면 게임 조절 모델이 되어줄 수 있습니다.

아이가 게임을 시작한 지 오래됐다면 오히려 부모가 게임을 배우기에 아주 좋은 환경일 수 있습니다. 가정에 이미 게임 전문가가 있으니까요. 계정은 어떻게 만들고, 무엇을 다운받아야 하며, 어떻게 조작하는지 우리 집 게임 전문가가 잘 알려줄 것입니다. 게임할 때 무언가가 잘 되지 않아 아이의 도움이 필요하면 망설이지 말고 이것 좀 도와달라고 요청해보세요. 멀리서 버선발로 뛰어와 적극적으로 알려줄 것입니다.

같이 게임하면 당연히 아이보다 실력이 부족하기 때문에 아이의 잔소리를 들을 수는 있겠지만 아이는 속으로 자신이 좋아하는 놀이 세계를 부모가 인정해준다는 느낌이 들면서 그동안 엉켜있던 감정도 조금씩 풀릴 수 있을 것입니다.

아이가 마음의 문을 열고 부모와 점점 가까워지는 느낌이 들면 자연스럽게 게임 조절을 위한 본보기가 되어 바람직한 행동이 무엇인지를 아이 내면에 쌓아주세요. 그 경험이 차곡차곡 모여 천천히 자기 자신을 조절하게 되어 갈 것입니다.

가끔 부모와 함께 게임하는 것이 싫다고 이야기하는 아이들이 있습니다. 부모가 게임을 너무 못해서 재미있게 플레이하는 데 방해가 되기 때문이라고 말하더군요. 이런 경우 부모가 무작정 게임을 시작하기에 앞서 그동안 아이가 게임을 할 때마다 드러냈던 부모 자신의 반응을 먼저 점검해보시기 바랍니다.

아이는 게임을 부정적으로 여기던 부모의 태도가 갑자기 달라진 것이 낯설게 느껴질 수 있습니다. 혹시라도 같이 게임을 하다가 또 잔소리를 듣지는 않을까 걱정할 수도 있어요. 또 그동안 부모가 자신에게 했던 잔소리가 마음에 남아 자기 곁으로 가까이 다가오려는 부모를 밀쳐내고 싶어 할 수 있습니다. 아무리 게임을 함께 하는 것이 부모와 아이 모두에게 좋다 하더라도 한 사람이 거부하면 역효과만 발생할 것입니다. 게임을 시작하기 전에 부모 자신이 게임을 함께 하는 동료 플레이어로서 아이와 심리적인 교감이 이뤄질 수 있는지 상황인지를 꼭 확인해주세요.

강연을 하다 보면 게임뿐만 아니라 유튜브 시청에 있어서도 부모가 조절 모델이 되어주어야 하는지 많이 질문하십니다. 많은 부모님들에게 게임도 골칫덩어리지만 유튜브 시청 역시 큰 걱정거리기 때문입니다.

유튜브 시청 시간을 조절하는 능력 역시 게임 조절 모델을 통한 모델링이 큰 도움이 될 수 있습니다. 앞서 말씀드린 것처럼 게임과 유튜브는 스마트폰과 PC 속에서 만날 수 있는 각기 다른 세상이지만 자기 조절력이 키워진다면 게임을 조절하는 능력처럼 유튜브 역시 재미있게 시청하고 해야 할 일을 하게 된다든지, 취침 시간을 지키며 적당하게 시청하는 것이 가능해질 수 있습니다.[6] 웹툰이든 인스타그램 릴스든 모두 마찬가지예요.

게임 조절 모델이 되어주기에 늦은 시점은 없습니다. 지금 이 책을 읽고 있는 순간이 가장 적절한 순간일 수 있습니다. 고민하지 말고 지금 당장 아이에게 오늘부터 게임을 같이 해보자고 손을 내밀어 보는 것은 어떨까요?

게임 플레이어, 실전

 여기까지 읽고 나면 머리로는 이해가 되지만 마음은 썩 내키지 않는 독자분들 있으실 것입니다. 재미도 없고 어려운 데다가 시간만 낭비하는 게임을 왜 굳이 같이 해야 하는지 와닿지 않으실 수 있습니다. 백번 양보해서 부모가 게임을 시작하더라도 그걸 아이와 같이 하는 것은 또 다른 영역으로 느껴지실 거예요.

 안 그래도 아이는 하루 종일 게임 생각만 하는데, 쫓아다니며 하루 종일 잔소리해야 겨우 게임을 끌까 말까인데, 그런 아이와 심지어 게임을 같이 하라니, 처음엔 이런 제안이 선뜻 받아들여지지 않으실 거예요. 여러분만 그렇게 느끼는 것은 아닙니다. 많은 부모님들께서 제게 이렇게 질문하시거든요.

"혹시 게임을 같이 하는 것 말고 다른 방법은 없나요?"

 게임 조절 모델의 필요성은 느끼지만 게임을 같이 하기까지 내 앞을 가로막고 있는 벽이 꽤나 크다는 것은 충분히 이해합니다. 그럼, 지금부터 커다란 마음의 벽을 조금은 쉽게 넘어갈 수 있도록 도와드릴게요.

14. 시간 규칙은 복잡할수록 좋습니다

첫 번째, 시간이 아닌 판 수로 정하기

대부분의 부모님들은 아이가 제때 게임을 멈추지 못하는 것을 가장 큰 걱정거리로 뽑습니다. 정해진 게임 시간을 잘 지키지 못하는 이유는 아이의 자기 조절력이 부족하기 때문이기도 하지만, 부모가 아이와 게임 시간을 정하는 방법이 서투르기 때문이기도 합니다.

상담하러 오시는 부모님들께 어느 정도 게임을 시켜주냐고 여쭤보곤 하는데요. 대부분 30분, 1시간, 2시간처럼 딱 떨어지는 시간으로 약속을 하신다고 해요. 이는 부모 입장에서 규칙을 가장 편하게 정할 수 있는 방법이긴 합니다. 그런데 아이들은 그 시간을 절대로 맞출 수 없습니다. 게임마다 한 판을 할 때

걸리는 소요 시간이 다르기 때문입니다. 아이들에게 인기 있는 게임을 중심으로 얘기하자면, 리그오브레전드의 경우엔 한 판당 30~40분, 발로란트도 30~40분, 브롤스타즈는 2~5분으로 모두 제각각이라고 할 수 있습니다. 로블록스의 경우에는 아이가 어떤 게임을 선택하는지에 따라 한 판을 하는 데 걸리는 시간이 달라집니다.

예를 들어, 게임을 1시간만 하는 것으로 약속한 아이가 '리그오브레전드'를 한다고 가정해보죠. 게임 한 판을 마치면 약속한 시간까지 20여 분 정도 남을 거예요. 부모의 마음 같아서는 시간이 애매하게 남았으니 게임을 그만해야 할 텐데 아이들은 자연스럽게 두 번째 판을 시작합니다. 아이 입장에서는 새로운 판을 시작한 후 15분 정도 된 시점에 엄마가 게임을 그만하라는 소리를 듣게 될 겁니다. 리그오브레전드에서 시작한 지 15분쯤 지난 게임의 상황은 상대와 싸울 준비를 마치고 본격적인 전투를 앞두고 있을 가능성이 큰데요. 아직 이렇다 할 전투도 한 번 해보지 못한 상황에서 엄마가 컴퓨터를 끄라고 하면 아이는 끌 수 있을까요?

아이는 당연히 쉽게 멈추지 못할 것입니다. 혼을 내보아도 마찬가지입니다. 게임이 이제 막 재미있기 시작한 순간이기도 하지만 리그오브레전드의 경우 팀플레이 게임이기 때문에, 게임 중간에 한 명이 나가게 되면 게임 규칙상 나머지 팀원에게 피해를 준 것으로 간주되어 한동안 계정 사용이 정지됩니다. 비단 리그오브레전드뿐만 아니라 팀끼리 실력을 겨루는 경쟁전이 포함된 다른 게임 역시 패널티를 받는 것은 마찬가지입니다. 이러한 이유들 때문에 아이들은 부모와의 다툼을 감수하면서까지 어떻게든 게임 시간을 사수하게 되는 것이죠.

우리 아이가 게임을 그만하라고 할 때마다 왜 그렇게 화를 내는지, 조금은 알 것 같지 않나요? 또, 여전히 시간 단위로 게임 사용 시간을 정한다면, 아이가 앞으로도 이 약속을 계속 어기게 되리라는 것도 예측되실 거예요.

따라서 게임하는 시간의 단위는 시계의 시간이 아닌, 판 단위를 기준으로 삼는 것이 훨씬 효과적입니다. 이렇게 해야 아이들이 더 수월하게 시간 약속을 지킬 수 있습니다. 예를 들어 아이가 시계의 시간 단위로 1시간 동안만 게임을 하도록 제한하고 싶으시다면, 아이가 즐겨하는 게임의 한 판 당 소요 시간을 확인한 후 1시간 정도에 해당하는 게임의 판 수를 설정하시면 됩니다.

여기서 끝이 아닙니다. 아이는 게임 안에서 게임만 하지 않거든요. 상점에 들어가 어떤 아이템이 있는지 구경하고, 로그인 했을 때 주어지는 무료 경험치를 받거나, 캐릭터의 레벨을 업그레이드 하고, 일일 퀘스트를 하는 등 게임을 본격적으로 시작하기 전, 더 재미있게 즐기기 위한 추가적인 활동을 합니다. 가령 아이와 브롤스타즈를 10판만 하기로 약속했는데 30분 뒤 절반도 못 했다고 할 때가 이런 경우입니다. 그렇기 때문에 몇 판을 할지 정할 땐 추가 활동 시간을 별도로 정해두는 게 좋습니다.

이뿐만 아니라 더 고려할 것이 있습니다. 보통 아이들은 한 가지 게임만 하지 않습니다. 브롤스타즈를 했다가 °무한의 계단을 한 후 로블록스의 °Bed Wars를 하는 등 이 게임, 저 게임을 번갈아 가면서 하죠. 따라서 부모와 아이는 게임을 시작하기 전에 오늘은 어떤 게임을 할지 미리 계획하는 시간을 꼭 가져야 합니다. 그리고 나서 그 게임의 한 판당 소요 시간과 추가 활동 시간을 고려하여 각각의 게임을 몇 판정도 하면 좋을지 정하셔야 해요.

이를 종합하면 아이가 오늘 하고 싶어 하는 게임이 뭔지 미리 함께 이야기를 나눈 후 전체 소요 시간을 벗어나지 않는 범위 내에서 아이가 원하는 양만큼 각 게임의 판 수를 배정하고, 필요하면 추가 활동 시간은 별도로 정하는 것이라고 말씀드릴 수 있겠습니다. 예를 들면 브롤스타즈 5판, 무한의 계단 5판, 로블록스의 Bed Wars 1판으로 총 게임 판 수를 정하고 시간이 남으면 추가 활동을 하도록 계획할 수 있을 것입니다.

게임 판 수 구성

 그럼 이렇게 구체적으로 아이와 게임 판 수를 정하면 아이가 게임 시간을 반드시 지키게 될까요? 무조건 딱 떨어지는 정시로 정할 때보다는 곧잘 지키기는 할 것입니다. 그럼에도 불구하고 지키지 못하는 순간도 많을 것입니다. 아이들이 게임을 끄지 못하는 순간은 보통 게임에서 졌을 때인데요. 특히 이길 수 있었는데 아쉽게 졌다면 불쾌한 기분을 상쇄하기 위해 자동적으로 다음 판을 하려고 합니다. 이뿐만 아니라 친구들과 함께 게임하는 경우에도 정해진 시간을 넘기면서까지 게임을 하곤 합니다. 나만 정해진 판 수를 다 채웠다고 빠질 수 없으니까요. 따라서 이런 경우를 대비해 판 수를 당겨올 수 있도록 해주어야 합니다. 내일 하게 될 게임의 판 수에서 오늘 더 하게 된 양만큼 빌려오는 것이죠.

예를 들어 오늘 발로란트를 2판, 로블록스의 라이벌을 5판 하기로 정했는데 발로란트는 2판의 약속을 잘 지킨 반면, 라이벌을 7판이나 했다면, 내일은 라이벌 2판에 해당하는 시간만큼 게임을 덜 하게 하는 것입니다. 약속한 게임 판 수를 큰 틀에서 지킬 수 있도록 경계는 분명히 유지하되, 아이가 규칙을 지켜나감에 있어서 맞이하게 되는 돌발 상황을 고려해 융통성을 발휘하는 것이죠. 이를 위해서 오늘 플레이한 게임 시간은 오늘로 끝나는 것이 아니라 내일과 연결되어 있음을 부모와 아이가 모두 염두에 두는 것이 필요합니다.

단, 한없이 다음 날의 게임 판 수를 빌려올 수 있게 하는 것이 아니라 1주일 내에서만 가능하도록 제한해두셔야 합니다. 만약 월요일부터 매일 다음 날의 게임 판 수를 빌려와 그 시간이 하루치만큼의 게임 시간이 되었다면 마지막 일요일은 게임을 못 하게 되는 것이죠.

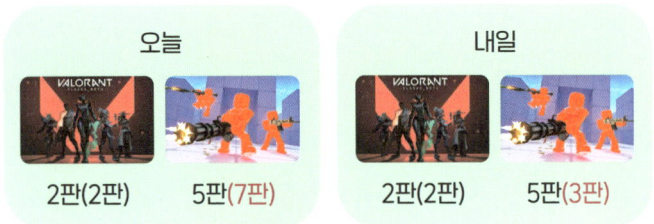

게임 판 수 구성

지금까지 아이의 게임 시간은 부모 주도로 조절되어왔을 것입니다. 정해진 시간이 종료되기 10분 전쯤 미리 예고하셨을 거고요. 정해진 시간이 되면 꺼야 한다고도 알려주셨을 거예요. 답답하다 싶어 종료 버튼을 직접 누른 적도 있으실 거예요. 이렇게 부모가 대신하여 아이의 행동을 반복적으로 조절해주면 아이는 스스로 게임 시간을 조절할 수 있는 능력을 키우기 어렵습니다. 애쓰지 않아도 알아서 시간을 알려주니 조절력을 발휘기하기보다 나를 조절해주는 사람에게 의지하게 되는 것이죠. 나아가서 아이는 자신이 통제받고 있다고 느껴 반항적으로 행동하게 될 것입니다.

중요한 건 **아이가 자기 스스로 게임 시간을 계획하고 조절하고 있다는 느낌을 갖게 하는 것입니다.** 그동안 맞추기 어려웠던 1시간, 2시간이 아니라 상황을 고려해 함께 판 수를 정하면 아이는 자신의 의견이 충분히 반영된 규칙이기 때문에 '이 정도는 지킬 수 있겠다'는 자신감이 생길 거예요. 또한 혹여 시간을 넘긴다고 무조건 혼나는 것이 아니라, 더 한 만큼 내일 하게 될 게임의 판 수에서 빌려올 수 있기 때문에 아이는 오늘의 약속을 지키지 못하더라도 기회가 더 있다는 심리적 여유 바탕으로 자기가 상황을 주도하고 있다고 인식하게 될 것입니다.

두 번째, 아이의 라이프스타일 고려하기

날마다 일과가 다른 아이들이 있습니다. 이 경우에는 게임 시간을 판 단위로 정하는 것과 함께 아이의 라이프스타일을 고려하여 요일별로 규칙을 각각 세워야 합니다.

예를 들어 취침 시간이 밤 10시인 아이가 매주 목요일마다 가야 할 학원이 많아 학원에 다녀온 후 저녁 식사를 하고, 숙제까지 모두 마치면 밤 9시 반이 된다고 가정해보죠. 이러한 경우 아이는 취침 시간을 미뤄가면서까지 게임의 정해진 판 수는 꼭 지키려고 할 가능성이 높습니다. 여기서 바로 갈등이 발생합니다. 부모 입장에서는 숙제하는 동안 시간이 너무 많이 소요돼 아이가 자야 할 시간이 되었다면, 그날 하루쯤은 게임을 건너뛰어도 된다고 생각할 수 있습니다. 하지만 아이 입장에서는 게임할 것만 생각하고 열심히 숙제를 했는데 부모가 자야 할 시간이 다 됐으니 게임은 내일 하자고 제안한다면 배신감이 상당히 크겠죠. 요일별로 학원을 달리 가는 아이는 게임을 할 수 있는 총 시간이 날마다 다를 수 있습니다. 항상 똑같은 시간을 기준 삼아 판 수를 설정하는 것이 아니라 라이프스타일에 따라 융통성을 발휘해주세요.

 부모가 아이와 게임을 함께 하지 않은 상태에서 이러한 규칙을 세우기란 쉽지 않습니다. 게임을 직접 해봐야만 시계의 시간이 아니라 판 수로 게임 시간을 설정해야 한다는 제 말에 공감하실 수 있기 때문입니다. 또 아이가 하는 게임의 한 판당 소요 시간이 얼마나 되는지, 매일 같은 판 수로만 규칙을 세우면 플레이어가 어떤 고충을 겪게 될지도 확인할 수 있기 때문이죠.

 그동안 아이의 게임 사용 시간을 정하는 것은 그렇게 어렵지 않으셨을 것입니다. 아이가 즐겨 하는 게임 각각의 소요 시간이나 특성 그리고 아이의 라이프스타일과 상관없이 딱 떨어지는 시간으로 설정하면 되었으니까요. 하지만 규칙을 정하는 과정은 매우 간편했을지 몰라도 부모가 쉽게 정한 그 규칙을 아이가 지키도록 하는 과정은 매우 힘드셨을 것입니다.

아이가 정해진 시간을 늘려달라고 요청해 부모가 최초에 정했던 시간을 결국 지키지 못한 날이 훨씬 더 많았을 거예요. 의욕적으로 정했던 시간이 의미 없음을 느끼면서도 부모 입장에서는 기본적인 틀이라도 정해놓지 않으면 마음이 불안하실 겁니다. 아이가 지속적으로 시간을 지키지 못한다고 하더라도, 상징적으로나마 정해놓은 게임 시간을 끊임없이 요구하고 있는 상황일 것입니다.

사실 아이는 **부모가 만들어 놓은 규칙 그 자체를 싫어하는 것이 아니에요.** 오히려 울타리를 쳐 주어야 그 안에서 자유로움과 안정감을 느낍니다. 그동안 가정에서 설정해온 게임 시간에 대한 울타리는 너무 단순하고 아이의 상황을 고려하지 않았기 때문에 아이들이 거부해왔던 것일 수 있습니다. 게임 시간을 정하는 방법이 다소 복잡하고 어렵게 느껴지시겠지만 여러분이 고민하고 애쓰는 만큼 아이들은 보다 쉽게 정해진 게임 판 수에 몸을 맡길 것입니다.

아이의 라이프스타일을 고려해 요일별로 새롭게 게임 판 수를 구성하기 위해서는 여러 차례 시행착오를 겪을 수밖에 없습니다. 예측되는 상황도 있지만 돌발 상황도 많거든요. 추가 활동과 본 게임 사이에 캐릭터를 고르는 시간, 친구들과 대화하며 작전을 세우는 시간 등 예상치 못했던 시간들이 추가될 것입니다. 이럴 땐 2주 정도 아이의 라이프스타일을 면밀히 관찰하여 생활 패턴과 학습의 양, 게임 소요 시간 등을 확인한 후 규칙을 정하시기 바랍니다. 상황에 따라 아이와 합의하여 언제든 수정할 수 있다는 유연한 마음을 갖고 실행해보신다면 아이가 게임 사용 규칙을 지키는 횟수가 훨씬 많아질 것입니다.

용어 상점

·무한의 계단
캐릭터가 화면에 나오는 계단에서 떨어지지 않고 올라갈 수 있도록 오른쪽의 오르기 버튼과 왼쪽의 방향 전환 버튼을 이용해 플레이하는 게임

·Bed Wars
로블록스 내에 있는 게임으로 팀을 이뤄 자신의 침대를 지키고 상대 팀의 침대를 파괴하는 게임

Quest
15. 감정의 맥락을 이해해주세요

방에서 게임하는 아이가 갑자기 거친 말을 하기라도 하면 부모는 멀리서 듣고 달려가 자신이 들은 말이 맞는지 아이에게 추궁하게 될 거예요. 또는 아이가 게임에 져서 울거나 화가 나서 소리를 지르는 경우에 부모는 "게임은 재미있으려고 하는 건데 그렇게 울거나 속상해할 거면 앞으로 게임하지 마!"라고 거칠게 반응하기도 할 것입니다. 지속되는 경고에도 말을 듣지 않는다면 게임 시간을 더 엄격하게 제한하거나, 아예 게임을 못 하게 하기도 하고 그 방법으로도 안 되면 심리상담 센터나 병원을 찾아 전문가의 도움을 받아야겠다고 생각하게 되실 거예요.

하지만 전문가의 도움을 받지 않더라도 부모가 아이와 같이 게임을 하다 보면 아이가 왜 그런 우려스러운 행동을 하게 되었는지 맥락을 이해할 수 있고 문제 상황에 훨씬 효과적으로 개입할 수도 있습니다.

우선 아이가 게임하며 보이는 부정적인 모습은 두 가지 영역으로 나눌 수 있습니다. **첫 번째는 언어 영역**입니다. 게임하면서 아이가 자신도 모르게 욕을 하거나 상대를 비방하는 경우를 심심치 않게 보실 것입니다. 다른 사람이 먼저 자극해서 그에 대해 반응한 것일 수도 있고, 자신이 잘못하지 않았는데도 억울하게 비난받아 속상함을 표현한 것일 수 있죠. 아니면 학교에서 습관적으로 사용하는 용어가 자연스럽게 게임하는 장면에서 툭 튀어나온 것일 수도 있습니다.

게임을 같이 하면 아이가 어떤 이유로 거친 용어를 사용했는지 그 맥락을 이해할 수 있습니다. 게임 속으로 들어가 그렇게 표현하게 된 전후 사정을 따져보면 그런 말을 할 수밖에 없는 상황이 반드시 있기 마련이거든요. 따라서 맥락을 파악하는 것이 중요합니다. 이에 따라 개입 방법은 달라질 수 있어요.

간혹 반복적으로 상대를 자극하거나 공격하는 것을 선호하는 아이가 있습니다. 게임을 하는 것보다 채팅으로 상대를 도발하여 자신의 도발에 말려든 상대의 반응을 즐기는 것이죠. 아이가 상대에게 먼저 시비를 걸거나 상대가 화를 내도록 부추긴다면 게임을 마친 후 아이에게 왜 상대를 이유 없이 자극하냐고 조심스럽게 물어봐주세요. 잘못했으니 다음부터 고치라고 혼내기 전에 나름의 이유가 있는지 확인하는 과정을 반드시 거치셔야 합니다.

우선 어떤 이유든 온라인에서 상대를 놀리거나 자극하는 대화 방식은 오프라인에서도 이어질 수 있기 때문에 주의를 줄 필요는 있습니다. 다만 "네가 잘못했어."라고 강압적으로 말하는 것이 아니라, 그렇게 말했을 때 상대가 느낄 감정이 어떨지 미루어 짐작할 수 있도록 다양한 예를 들어 설명하고, 아이가 잘못을 스스로 깨달을 수 있게 도와주세요.

아이가 먼저 도발할 수도 있지만 반대로 상대가 아이를 지속적으로 비난하고 언어로 공격하는 경우에 맞받아치느라 거친 표현을 할 수도 있을 것입니다. 이 경우 아이가 욕을 하게 된 상황도 모른 채 부모가 아이를 혼내면 아이는 상당히 억울할 수 있습니다.

이때는 **아이가 상대로부터 공격당한 것에 대한 억울함과 분노에 대한 감정을 먼저 알아차려주는 것**이 필요합니다. 가만히 있는데 상대가 도발하면 기분이 나쁠 수밖에 없겠죠. 게다가 그런 상황이 반복되면 어느 누구라도 참지 못하고 맞받아칠 것입니다. "왜 가만히 있는데 너한테 뭐라고 하는 거야?", "잘못하지 않은 것 같은데 너한테만 뭐라고 하니까 억울하겠다."등의 공감이 필요한 상황이에요. 그리고 나서 "그럼에도 불구하고 상대와 똑같이 말로 싸우게 되면 결국 채팅을 하느라 게임에 집중하지 못하고 네 감정만 상하게 되니까 이런 경우에는 아예 무시하면 좋겠다."라고 조언할 수도 있을 것입니다.

전후 맥락과 상관없이 아이들이 아무렇지 않게 사용하는 비속어도 걱정의 대상입니다. '찌질하다', '억까 당했다'를 포함해 게임을 할 때만 유독 욕을 섞어서 표현하는 경우를 보실 거예요. 아이들이 게임 공간 안에서 하는 말은 일상생활에서 친구들과 주고받는 표현과 다르지 않은 경우가 많습니다. 앞서 말씀드렸지만 게임 공간은 누구의 간섭도 없는 자유로운 공간이기 때문에 비교적 편안하게 자신의 솔직한 모습을 드러낼 수 있거든요. 게다가 얼굴을 맞댈 필요도 없어 익숙한 대화 방식에 조금 더 과격한 표현을 사용하게 되는 것입니다. 이런 전제를 깔고 아이의 표현을 이해할 필요가 있습니다.

친구들이 모두 그런 용어를 사용하는데 우리 아이만 친구들이 사용하는 언어를 이해하지 못하고 사용하지도 않는다면 특이한 아이로 비칠 수 있습니다. 아무리 그렇다 하더라도 이런 단어를 무분별하게 사용하는 것은 문제가 될 수 있기 때문에 **아이가 사용하는 용어의 뜻을 알려주는 과정**이 반드시 필요합니다. 그 용어가 어떤 의미를 담고 있는지 알지 못한 채 아무렇지 않게 사용하는 경우가 많거든요.

자기가 쓰는 용어의 의미를 알게 된 아이는 자신이 하는 말이 상대를 어떤 식으로 안 좋게 평가하고 하는 말인지 인지할 수 있게 될 것입니다. 사용하려는 용어를 현재 상황에서 상대가 수용할 수 있는지 없는지, 해당 용어를 듣는 주변 사람들은 자신을 어떻게 바라보게 될 것인지 스스로 판단할 수 있는 능력을 키우는 것이 핵심입니다.

아이가 보이는 부정적인 모습의 **두 번째는 행동 영역**입니다. 대표적인 행동은 소리를 지르는 것이죠. 이 모습이 언어가 아닌 행동 영역인 이유는, 내뱉는 언어의 의미보다 소리를 지르는 행위에 집중할 필요가 있기 때문입니다.

소리를 지르는 이유는 여러 가지입니다. 잘못하지도 않았는데 억울하게 공격받았을 수도 있고 게임에서 져서 단순히 속상할 수도 있습니다. 지는 상황은 여러 가지가 있는데요. 나는 열심히 잘했는데 팀원들이 못해서 졌을 수도 있고, 이길 수 있었는데 아깝게 지는 경우도 있습니다.

이렇게 다양한 이유로 아이는 소리를 지르게 되고 때에 따라서는 울기도 하는데요. 게임 밖에 있는 부모가 보기에는 그냥 분노를 참지 못하고 자기 조절을 못 하는 아이라고만 생각할 수 있을 것입니다. "세상을 살면서 지거나 욕먹는 경우가 얼마나 많은데 그럴 때마다 소리 지르고 울 거야?"라고 말하게 되실 것입니다. 만약 아이에게 위로가 필요한 상황이었다면 꾸중을 들었으니 얼마나 억울하고 답답하겠어요.

부모가 같이 게임을 하면 억울하게 공격받았든, 예상치 못한 상황으로 인해 게임이 지게 되었든 아이의 요동치는 감정을 공감하고 위로해줄 수 있습니다. 게임 공간 속에 함께 있기 때문에 아이가 하는 행동이 어떠한 상황으로 인한 것인지 실감할 수 있고, 나아가서 아이가 느끼는 감정을 미루어 짐작할 수 있기 때문입니다.

아이가 게임을 하다가 소리를 지르거나 눈물을 흘린다면 우선 아이를 꼭 안아주세요. 굳이 많은 설명을 하지 않더라도 감정을 주체하지 못하는 아이를 꼭 안아주는 것은 마음을 진정시키는 데 많은 도움이 됩니다. "하루 종일 졌으니 얼마나 속상할까.", "오늘은 팀원 복이 없네." 등 아이가 경험하고 있는 감정을 부모가 함께 느껴준다면 아이는 공감 뒤에 이어지는 조언이나 거친 행동에 대한 부모의 훈육을 수용할 수 있는 마음 상태가 됩니다.

아이를 진정시킨 후엔 이렇게 말할 수 있을 거예요. "엄마도 이길 수 있었던 게임에서 지니까 완전 욕 나올 뻔했어. 어떻게 이런 게임에서 질 수 있지? 완전 억울하다. 근데 우리 왜 졌을까?" 공감을 해준 후 아이가 게임에서 지게 된 상황을 함께 분석하다 보면 아이는 스스로 마음을 다잡을 수 있을 것입니다.

또는 "잘못하지도 않았는데 저 사람은 왜 자꾸 욕을 하냐. 근데 네가 갑자기 화내면서 소리 지르니까 아빠가 진짜 깜짝 놀랐어." 이렇게 자신의 행동이 다른 사람에게 어떤 영향을 줄 수 있는지 알아차리게 해줄 수도 있겠죠.

아이가 승리에 집중한 나머지 어떠한 방식으로든 상대를 이기기 위해 노력하는 모습을 발견하는 순간도 있습니다. 일상 생활 속에서는 쉽게 발견하기 어렵지만 경쟁의 순간에만 반사적으로 드러내는 모습인 경우가 많죠. 혹여 수단과 방법을 가리지 않고 이기려는 모습을 보일 땐 게임하는 과정 속에서 아이가 보여준 모습을 예시로 삼아 경쟁에서 페어플레이가 중요함을 알려줄 수도 있을 것입니다.

게임하는 아이는 자신이 어떤 행동을 하는지 알아차리지 못하는 경우가 많습니다. 안 되겠다 싶어 게임하는 도중에 아이가 보인 행동이 어땠는지 부모가 구체적으로 알려줘도 게임하는 중간에는 주변 사람의 말이 잘 들리지 않습니다. 그 순간만큼은 아이들의 집중력이 어마어마하기 때문입니다. 따라서 부모가 같이 게임을 하면서 아이가 보이는 과격한 행동이나 승리에 집착하는 모습을 구체적인 상황과 함께 기억해두었다가 게임이 끝난 후에 반드시 피드백을 해주셔야 합니다. 다만 행동을 변화시키기 위해서는 아이가 그렇게 할 수밖에 없었던 상황을 먼저 알아차려 주시고 필요하면 복잡해진 마음을 진정시켜주는 역할도 함께 하셔야 하겠죠.

게임을 껐다고 해서 아이가 보이는 문제적 행동이 바로 사라지지는 않습니다. 부모는 아이가 게임을 끄면 몰입되어 있던 세계에서 즉시 빠져나올 것을 기대하지만 현실로 돌아왔음에도 아이의 머릿속에는 게임의 여운이 여전히 남아있기 때문입니다. 게다가 보통은 자신의 의지로 게임을 끄기보다는 부모에게 혼난 후에 게임을 끄는 경우가 많기 때문에 게임에 대한 여운과 혼나서 속상한 마음 등이 합쳐져서 굉장히 찝찝한 마음 상태로 한동안 지내게 됩니다. 멍하니 있거나 유튜브를 켤 수도 있고, 뭘 해야 할지 몰라 우왕좌왕하는 모습도 보입니다. 이런 마음 상태는 아이들이 게임을 마치고 바로 숙제에 집중하지 못하는 이유이기도 하죠.

 부모가 아이와 게임을 같이 하게 되면 게임에서 빠져나와 현실로 복귀하는 데까지 어느 정도 시간이 필요하다는 것을 몸소 느끼게 될 거예요. 그렇다면 게임을 마치고 아이가 현재의 감정 상태에서 벗어날 수 있도록 신체를 활용하여 놀아줄 수도 있고 함께 동네 한 바퀴를 돌고 오거나 간식을 먹으며 방금 전에 같이 했던 게임 내용을 이야기할 수도 있을 것입니다.

 지금까지 아이가 게임을 할 때 보여주는 부정적인 모습의 두 가지 영역을 설명해드렸는데요. 혹시 언어, 행동 영역에 공통적으로 포함되어 있는 것이 무엇인지 발견하셨나요? 바로 감정입니다. 아이의 언어적 표현과 행동 모두 기저에는 감정이 깔려 있습니다. 아이는 게임 내에서 다양한 상황을 경험하고 있기 때문에 그때마다 느끼는 감정도 다양합니다. 그런데 아이들은 그 감정을 처리하는 것에 서툽니다. 그저 본능적으로 소리를 지르거나 욕을 하고 심하면 물건을 부수면서 표현할 뿐이죠.

 누군가가 옆에서 알려줘야 합니다. 무작정 상대를 비난하거나 물건을 부수지 않아도 네 안에 있는 불편한 감정을 해소할 수 있는 방법이 많다고요. 방법은 앞서 예시 드린 것처럼 위로와 공감을 해주거나 행동에 대한 구체적인 조언을 해주는 것이 있을 수 있습니다. 기분 전환을 위한 활동을 같이 하기도 하고, 화제를 전환하는 질문을 할 수도 있겠죠. 부모의 안전하고 포근한 품으로 꼭 안아주는 것도 좋은 방법입니다.

 부모가 아이의 부정적인 언행을 금지시키는 가장 큰 이유는 아이가 집 밖에서도 다른 사람들에게 저런 표현을 하지 않을까 걱정되기 때문일 것입니다. 지금 바로 잡아주지 않으면 습관이 될 것 같아 강력하게 훈계하시는 거겠죠.

하지만 아이가 그렇게 표현할 수밖에 없는 맥락을 고려하지 않고 무조건 혼을 내거나 게임을 금지시킨다면 아이는 스스로 무슨 잘못을 했는지 뉘우치는 대신 '엄마는 자기를 싫어한다', '아빠는 무서운 사람이다'라는 생각만 하게 될 것입니다.

부모의 이러한 개입이 더 효과적이려면 게임 조절 모델로서 행동의 본보기가 되어주려고 노력하는 태도가 밑바탕에 있어야 할 것입니다. 예를 들면 화가 나더라도 옆 사람이 놀라지 않게 소리를 지르고 싶은 마음을 잘 참아 내거나 억울하게 비난받더라도 아무렇지 않게 무시하는 모습을 보여주는 것이죠. 또 이길 수 있는 게임에서 졌을 때 속상해하면서도 금방 훌훌 털고 일어나 다음 경기를 준비하는 모습을 보여주기도 하고, 이기고 싶더라도 상대를 배려할 줄 아는 행동을 보여주는 것도 좋습니다. 이러한 모습을 지속적으로 보여주려고 부모가 노력할 때 아이는 부모의 말과 행동을 자연스럽게 모델링할 수 있을 것입니다.

같이 게임하는 횟수를 조금씩 늘려나가다 보면 게임을 함께 하지 않는 순간에 우리 아이가 보여주는 당혹스러운 언어적 표현과 행동의 맥락도 미루어 짐작하실 수 있게 될 거예요. 아이들의 언어와 행동이 상대를 자극하기 위한 것인지, 억울함의 표현인지, 단순한 습관인지를 추측할 수 있다면 지금까지와는 다르게 행동하실 수 있을 것입니다. 아이 자신이 게임을 할 때 어떻게 말하고 어떻게 행동을 하는지 인지하여 스스로 더 나은 쪽으로 변화하고 싶다는 동기를 가질 수 있도록 하기 위해서는 부모님들의 역할이 매우 중요하다는 것을 잊지 마세요.

· **억까 하다**
'억지로 까다'라는 말의 줄임말로 근거 없이 누군가를 비판, 비난하고 헐뜯는 것을 말합니다. '억까 당하다'는 그러한 억지스러운 비난을 받는 입장일 때 사용합니다.

Quest
16. 플레이하는 방식 속에 아이의 내면이 담겨있습니다

 어릴 때는 아이가 뭘 좋아하는지, 어떤 성향인지 어느 정도는 알고 있었던 것 같은데 아이가 게임을 좋아하기 시작하고부터는 도대체 이 아이가 어떤 생각으로 사는지, 뭘 하고 싶어 하는 것인지 잘 모르겠다고 하시는 부모님들이 많이 있습니다. 더 이상 본인이 알던 아이가 아닌 것 같다는 것입니다.

 그도 그럴 것이 **게임에 푹 빠져있는 아이들은 시기상 사춘기를 지나고 있을 가능성이 크기 때문**입니다. 사춘기를 지나고 있는 아이 자신조차 스스로가 어떤 사람인지 잘 모르는데 부모가 어떻게 아이에 대해 자세히 알 수 있을까요?

 부모는 우리 아이가 어떤 것에 관심이 있는지, 어떤 환경에 있을 때 편안해하고 불편해하는지, 친구들 사이에서 어떤 역할을 하는지 등을 알아내려고 애씁니다. 그래야 내 아이에게 부족한 부분은 지원해줄 수 있고, 아이의 성향에 따라 앞으로 나아갈 방향을 정해줄 수도 있기 때문입니다.

하지만 이 시기 아이는 부모와 시간을 보내고 대화하기보다 친구들과 만나 시간을 보내거나 방에 들어가 혼자 게임을 하느라 정신이 없을 겁니다. 부모가 대화 혹은 행동 관찰을 통해 아이의 욕구와 성향을 파악하는 것이 어려울 수밖에 없는 시기인 것입니다. 그러나 게임을 이용한다면 아이들이 어떤 욕구와 성향을 갖고 있는지 쉽고 빠르게 확인할 수 있습니다. 게임은 아이들이 자기만의 세계를 어떻게 확장해 나가는지 알 수 있는 수단이기 때문이죠.

부모가 아이에게 바라는 모습, 하나씩은 있기 마련입니다. '성실했으면 좋겠다', '주변 사람들과 잘 어울렸으면 좋겠다', '리더십이 있었으면 좋겠다' 등 그 모습은 다양할 것입니다. 아이의 생각과 부모의 바람이 일치할 경우에는 문제가 없지만 자신의 현재 모습과 부모가 바라는 모습이 다르다고 생각하는 경우 아이는 의식적이든 무의식적이든 자신의 본 모습을 숨기고 부모가 원하는 모습을 드러내려고 할 수 있습니다. 혹은 학교나 사회에서 규정하는 학생의 의무와 책임 때문에 아이는 자연스럽게 학교와 사회가 요구하는 상(像)에 자기 자신을 맞추기도 하죠.

그러나 게임 속 세계에서는 부모와 사회의 기대나 요구로부터 벗어나 비교적 자유롭게 자기 자신을 드러낼 수 있습니다. 자신의 자연스러운 모습에 대해 이렇다, 저렇다 판단할 권위자가 없거든요. 그렇기 때문에 아이와 게임을 같이 하다 보면 그동안 감춰져 있던 아이의 내면 세계를 보다 쉽게 확인할 수 있습니다.

게임에서 보여주는 아이의 모습이 현실에서의 모습과 다르다면 아이가 어떤 모습을 더 편하게 생각하는지 물어볼 수 있을 것입니다. 나아가 더 편하다고 느끼는 욕구나 성향을 현실 속에서도 발휘할 수 있도록 도와줄 수 있겠죠. 부모의 어떠한 태도가 아이의 본 모습을 현실에서 드러내지 못하도록 막고 있었는지 탐색해볼 기회가 될 수도 있을 것입니다. 또한 아이에게 너는 이런 특성을 가진 사람이라고 알려줄 수도 있을 거예요. 이러한 과정은 아이가 자신이 어떤 사람인지 더 자세히 알아가도록 촉진할 것입니다. 동시에 부모 역시 미처 몰랐던 우리 아이의 새로운 모습을 확인하도록 도와주고 부모 자신의 양육 방식을 돌아보는 계기를 만들어줄 것입니다.

그렇다면 게임 속에서 아이의 본 모습을 어떻게 확인할 수 있을까요? 아이가 어떠한 게임 캐릭터를 골라 어떻게 플레이하는지를 보면 됩니다. 게임 속 캐릭터는 저마다 고유한 특성이 있습니다. 캐릭터마다 스피드, 기술, 체력, 공격력 등이 다 다르기 때문이죠. 따라서 캐릭터의 특성을 잘 이해하는 것은 게임을 재미있게 즐기기 위한 필수 요소입니다. 특히 팀플레이 게임의 경우 캐릭터에 따라 팀원들의 역할이 나뉘는데요. 각각의 플레이어가 역할을 얼마나 잘 수행하는지에 따라 경기의 승패가 달라지기 때문에 아이는 자신이 선택한 캐릭터의 특성과 역할에 맞게 플레이하기 위해 최선을 다합니다. 이 과정에서 아이의 내면이 드러납니다.

아이들이 주로 하는 대표적인 팀플레이 게임으로는 브롤스타즈, 리그오브레전드 등이 있는데요. 이러한 게임들의 캐릭터들은 특징과 스킬에 따라 크게 네 가지의 °역할군으로 구분됩니다. 게임에 따라 더 다양하게 나뉘기도 하지만 분명하게 구분되는 특징을 기준으로 말씀드리면 탱커, 서포터, 암살자, 원거리 딜러로 압축할 수 있습니다. 역할군 각각의 특성을 하나씩 설명하면서 역할군 별로 아이들의 욕구와 성향이 어떻게 드러나게 되는지를 연결지어 말씀드려볼게요.

1) 탱커: 듬직한 선봉장

탱커는 기본적으로 상대의 공격에 잘 견디는 역할군입니다. 그렇기 때문에 다른 역할군의 캐릭터에 비해 덩치가 크고, 체력도 좋습니다. 대신 큰 덩치만큼 움직임이 조금 느립니다. 주로 아군이 자기 뒤에서 공격할 수 있도록 적의 공격을 대신 맞아주기도 하고, 길을 터주는 역할을 하기도 합니다. 보통 상대 팀과 만나게 되면 싸움을 시작하는 역할을 하죠. 브롤스타즈 탱커로는 불, 로사, 프랭크 등이 있으며, 리그오브레전드에는 마오카이, 노틸러스, 알리스타 등이 있습니다.

브롤스타즈와 리그오브레전드의 탱커

이런 아이들이 탱커를 선택합니다

 탱커로 플레이하는 아이들은 자기가 먼저 앞으로 나가는 것이 여러 가지 이유로 편하다고 느끼는 경향이 있습니다. 탱커를 선택하는 아이들에게 물어보면 리더의 역할을 하는 것 같아 기분이 좋다고 답한 아이도 있었고, 동료들이 상대를 공격할 수 있도록 자기를 희생해 적의 공격을 대신 맞아주는 것이 좋다고 이야기하는 경우도 있었어요. 직접 나서 자기와 친한 친구를 지켜주는 보호자의 역할이 편하거나 친구들과 모르는 길을 찾아갈 때 먼저 앞으로 뛰어가 전방을 살핀 후 가야 할 방향을 알려주는 성향의 아이도 있었습니다.

 내담자 중 명훈이는 체격이 좋고 격투기 운동을 배우는 친구였습니다. 리그오브레전드를 할 때면 다른 챔피언(캐릭터)에는 전혀 매력을 느끼지 못하고 항상 탱커만 선택했어요. 덩치가 크고 체력도 좋은 탱커는 게임 실력이 뛰어나지 않아도 쉽게 죽지 않으면서도 별 고민 없이 앞으로 나가 공격만 하면 되기 때문에 플레이하기 편하다고 이야기했습니다.

 현실 속 명훈이는 친구들과의 관계에서 복잡한 상황을 싫어하는 아이였습니다. 친구끼리 다투는 경우에도 친한 친구들끼리

서로를 좋아하는 마음만 표현하면 잘 지낼 수 있는데 왜들 의심하고 질투하는지 모르겠다는 생각을 갖고 있었죠. 공감 능력이 좋진 않지만 마음만은 누구보다도 친구를 위하는 아이였습니다. 세련된 말로 친구를 위로해주지는 못해도 묵묵히 곁에 있어주는 듬직한 아이였어요. 또한 짜증 날법한 상황에서도 예민하게 반응하지 않고, 친구들이 원하는 일이라면 앞장서서 친구들을 지켜주기 위해 종종 자신을 희생할 줄도 아는 아이였습니다.

반면 명훈이 어머님은 약삭빠르지 못한 명훈이를 답답하게 여기곤 하셨습니다. 친구들이 순진한 명훈이를 이용한다고 느끼고 계셨고, 관계에서 양보하거나 사과하는 등 자기주장을 못 하고 항상 손해만 보는 것 같아서 속상해하셨죠.

하지만 어머님의 걱정과 달리 명훈이의 묵묵하고 듬직한 성향 덕에 아이의 곁에는 항상 친구들이 많았습니다. 거절하는 것을 어려워하기는 하지만, 다른 이기적인 또래 친구들 사이에서 타인의 의견을 잘 수용해주는 명훈이의 순수한 태도를 친구들은 아주 높게 평가하고 있었죠. 이렇듯 역할군의 특징은 아이들의 실제 욕구와 성향과도 연결되어 있답니다.

2) 서포터: 세심한 조력자

 서포터는 치유나 방어 등의 기술을 활용해서 동료를 보조해주는 역할입니다. 체력이 떨어진 팀원을 치료해주거나 상대가 공격할 때 보호막을 펼쳐서 막아주기도 하죠. 그러다 보니 탱커처럼 앞장서서 다니는 경우는 거의 없습니다. 간혹 상대를 공격하기 위해 나서기도 하지만 주로 뒤에서 동료를 지원해주는 역할을 합니다. 브롤스타즈에서는 포코, 팸, 바이런 등이 있으며, 리그오브레전드에서는 소나, 나미, 럭스 등이 서포터입니다.

브롤스타즈와 리그오브레전드의 서포터

이런 아이들이 서포터를 선택합니다

 서포터로 플레이하는 아이들은 다른 사람들과 조화롭게 어울리려는 모습을 자주 보여줍니다. 또한 앞으로 나서기보다 타인의 의견을 따르거나 지지해주는 행동을 훨씬 편하게 생각하는 아이들도 많습니다.

 상담을 할 때 스마트폰이 있는 내담자와는 브롤스타즈를 종종 하는 편인데요. 그중에 혁민이는 브롤스타즈에서 서포터 °브롤러를 가장 좋아하는 친구였습니다. 특히 포코를 선호했죠. 한번은 왜 서포터만 고르냐고 물었더니, 같은 팀원의 체력이 완전히 바닥나 죽기 직전의 상황이 됐을 때 자신이 체력을 끌어올리는 스킬을 써서 구해주는 것이 좋다고 하더라고요. 이때의 성취감과 희열이 엄청나게 크다고 하면서요.

 혁민이는 현실에서도 누군가를 돕거나 양보하면서 성취감을 많이 느끼는 친구였습니다. 모둠 수업을 할 때 선생님이 재료나 활동지를 나눠주시면 항상 모둠 대표로 받아와 친구들에게 나눠주는 역할을 도맡아 하는 아이였죠. 혁민이는 수업 시간에 멀리 앉아있는 친구가 연필을 바닥에 떨어뜨리면 직접 다가가 주워주는 것을 즐겼습니다. 급식 시간을 알리는 종이 치면 먼저 급식실로 달려 나가기보다 친구들이 다 나갈 때까지 기다린 후 마지막으로 교실을 나서곤 했어요.

어느 부모여도 그럴 테지만 혁민이의 어머님은 친구들에게 치이는 것처럼 보이는 혁민이가 늘 안쓰러웠습니다. 그래서 친구들과 놀이터에서 놀고 있으면 친구들이 그네로 뛰어갈 때 혁민이보고 그네로 빨리 뛰어가서 먼저 타라고 떠밀기도 했죠. 한 친구가 구름사다리를 안전하게 건널 수 있도록 밑에서 도와주기만 하는 혁민이를 보고는 밑에서 돕지만 말고 너도 좀 올라가서 건너가라고 짜증을 내기도 하셨다네요. 혁민이는 엄마가 이렇게 떠미는 상황을 무척이나 싫어했습니다.

그런 혁민이는 자기 자신을 무언가에 앞장서 나서기보다는 친구들이 먼저 나서도록 양보하면서, 혹은 도움이 필요한 친구들에게 자발적으로 손을 내밀면서 스스로 친구들을 위할 줄 아는 괜찮은 사람이라고 평가하고 있었습니다. 저는 어머님께 혁민이가 얼마나 배려심이 많고 남을 위할 줄 아는 아이인지 설명해드렸습니다. 그러면서 오히려 자신만 생각하도록 강요하는 상황이 혁민이에게 큰 스트레스 요인일 수 있음도 알려드렸죠.

어머님은 혁민이가 그런 성향일 것이라고는 전혀 생각하지 못하고 계셨습니다. 그저 아이가 소심해서 자기주장을 잘 못 하고 나서지 않으려 하기 때문에 부모가 등을 떠밀어주면 아이가 용기를 낼 것으로 생각했다고 해요. 혹시 아이가 서포터 역할군을 좋아하나요? 그렇다면 이타적인 마음을 가진 섬세한 아이일 것이니 적극적으로 나서지 않더라도 너무 걱정하지 않으시기를 바랍니다.

3) 암살자: 나서야 할 때를 아는 해결사

암살자 역할군은 이름에서 유추가 가능하듯 상대가 눈치채지 못하게 공격하고, 동시에 공격받지 않도록 빠르게 도망치는 데에 능한 역할군입니다. 체력이 상대적으로 약한 반면 민첩하게 움직여 상대에게 피해를 입히는 역할을 하죠.

따라서 암살자로 플레이할 때는 지형지물을 활용해 최대한 노출되지 않고 상대에게 다가가는 것이 중요합니다. 약한 체력으로 앞장서 돌아다니다가는 쉽게 죽을 수도 있거든요. 브롤스타즈의 암살자로는 에드거, 모티스, 레온 등이 있고요. 리그오브레

젠드의 경우 르블랑, 탈론, 샤코 등이 있습니다

브롤스타즈와 리그오브레전드의 암살자

 이런 아이들이 암살자를 선택합니다

암살자를 선택하는 아이들은 현실에서도 민첩하고 날쌘 모습을 보여주는 경우가 많습니다. 또한 무언가를 할 때 자신이 나서야 할 최적의 시기를 포착하여 티 내지 않고 조용히 그리고 효율적으로 움직이는 편입니다. 일을 처리하는 과정에서 아이 모습이 때로는 불성실하게 보일 수 있으나 그렇다고 아무것도 안 하고 있는 것은 아닙니다. 머릿속으로는 주어진 일을 어떻게 해결하면 좋을지, 자신이 어떤 역할을 해야 할지 치밀하게 계산하는 경우가 많거든요. 결국에는 정말 필요한 순간에 최대한의 힘을 발휘하여 성과에 기여하는 모습을 보여주곤 합니다.

준희는 브롤스타즈에서 암살자를 가장 좋아했습니다. 빠르기 때문에 상대를 공격해도 쉽게 잡히지 않는 것이 암살자를 선택하는 이유라고 했죠. 그런데 준희와 브롤스타즈를 하던 어느 날, 저는 준희에게 안 좋은 습관이 있는 것을 발견하였습니다. 바로 게임 상대를 공격하면서 "못 잡겠지 헤헤?", "메롱, 여기 있지롱~"처럼 약 올리는 말을 내뱉고 있더라고요. 채팅을 통해 상대에게 직접적으로 전달된 것이 아니기 때문에 상대는 준희가 이런 말을 했는지 전혀 몰랐지만 같은 편인 제가 듣기에도 결코 좋은 말은 아니었습니다.

준희에게 물었습니다. "예전에 암살자가 쉽게 잡히지 않아서 좋다고 했는데, 그것 말고 암살자를 하는 이유가 또 있어?"라고요. 준희는 "날쌔기 때문에 도발하기 아주 좋은 브롤러에요."라고 답했습니다. 걱정이 되어 혹시 현실에서도 암살자와 비슷한 행동을 한 적 있냐고 물었더니 준희는 평소에도 친구들을 약 오르게 하는 걸 즐겨 한다더군요. 그러면서 자신이 워낙 달리기가 빨라 놀린 후에 마음먹고 도망가면 친구들이 자기를 잡지 못해 심심할 때마다 이러한 행동을 반복한다고 이야기했습니다.

 준희는 또래 아이들에 비해 자존심이 강한 편이었습니다. 선생님에게 억울하게 혼난 상황에서도 그런 건 아무렇지 않다는 식으로 말하거나 공부는 원래 잘했는데 지금은 재미가 없어서 일부러 안 하는 거라고 이야기하는 등 과장되게 자기를 방어하는 듯한 표현을 많이 했거든요. 여러 차례 상담을 진행하며 준희가 왜 그런 식으로 친구들에게 약 올리는 행동을 하는지 조금은 알 것 같았습니다. 준희 내면에는 남들에게 약한 사람처럼 보이고 싶지 않은 마음이 있었습니다. 친구들을 도발하고 도망갔던 행동은 자신이 상대하기 쉬운 사람이 아니라는 메시지였던 것이죠.

 이야기를 들어보니 준희는 학교에서 친구들을 자극하는 일로 선생님에게 여러 번 불려 가기도 했었어요. 준희는 그동안 상담을 거부하는 태도를 보이며 상담 시간에 오로지 저와 브롤스타즈를 하는 것에만 관심을 보였었는데요. 암살자를 통해 스스로 약해 보이고 싶지 않은 마음을 저에게 드러낸 이후부터 자신이 친구들을 도발하게 되는 심리적 이유에 대해 저와 함께 알아보려는 의지를 내기 시작했습니다. 준희는 이후로도 종종 상대를 자극하는 행동을 하지만 상담 이후 점차 변화되어 가고 있는 중입니다.

4) 원거리 딜러: 화합할 줄 아는 협력자

 마지막으로 원거리 딜러는 멀리서 조준해 적을 공격하는 역할군입니다. 활이나 총, 표창이나 다이너마이트 등을 들고 다니면서 적을 공격하는데요. 적과 근거리에서 만나 교전하게 될 경우 제 능력을 충분히 발휘할 수 없기 때문에 가급적 상대와 거리를 두기 위해 노력해야 합니다. 보통은 탱커 뒤에 서거나 암살자처럼 보이지 않게 숨어 공격합니다.

 연속으로 발사하거나, 저격수처럼 아주 멀리서도 공격할 수도 있고, 지형지물의 제약 없이 벽 뒤에서도 물건을 투척해 공격하는 등 원거리 딜러의 공격 방식은 다양합니다. 멀리서 조준을 해야 하는 역할군의 특성상 플레이어는 손의 움직임이 빠르고 섬세해야 하기 때문에 원거리 딜러를 잘하는 아이들은 다른 게임도 잘하는 경우가 많습니다. 브롤스타즈에는 콜트, 파이퍼, 다이너마이크 등이 있고, 리그오브레전드에는 징크스, 베인, 자야 등이 있습니다.

⭐ 이런 아이들이 원거리 딜러를 선택합니다
 혼자 플레이하면 피해를 보기 쉬운 역할군이기 때문에 원거리 딜

브롤스타즈와 리그오브레전드의 원거리 딜러

러를 선호하는 아이들은 현실에서 독단적으로 자신의 의견만 주장하기보다 다른 사람을 배려하거나 함께 화합하여 일을 진행하는 모습을 보여줍니다. 또한 일을 처리할 때 세심하고 침착한 편입니다.

 중학생 상진이는 저와 상담을 하던 무렵 PC를 사용해 플레이하는 리그오브레전드를 하고 있었습니다. 디스코드로 친구들과 대화하며 플레이했죠. 상담 중에는 PC로 함께 게임을 할 수 없기 때문에 상진이에게 어떤 역할군을 선호하는지 물었더니 원거리 딜러를 한다고 하더군요. 그런데 요즘 게임을 할 때마다 친구들이 자꾸만 핀잔을 줘서 게임할 맛이 안 난다고 했습니다. 원거리 딜러를 선택해놓고 왜 자꾸만 적진으로 가장 먼저 돌격해야 하는 탱커처럼 게임을 하냐고 말이죠. 상황을 자세히 들어보니 원거리 딜러는 적과 거리를 두고 멀리서 공격하는 역할군인데, 상진이는 자꾸만 탱커처럼 적들이 모여 있는 곳으로 나가 근거리에서 전투를 벌여 팀에게 피해를 주고 있었습니다. 게다가 상진이는 같은 편인 친구들에게 작전을 지시하며 리더 역할을 하는 것을 좋아하곤 했는데, 역할군의 특성과 다르게 게임을 해 이기는 데 도움도 안 되면서 명령까지 내리니 모두들 상진이가 마음에 들지 않았던 것이죠.

상진이에게 원거리 딜러로 플레이하면서 자꾸만 앞장서다가 죽게 되는 이유를 물었습니다. 한참을 고민하더니 사실 본인은 가만히 있지 못하고 앞으로 나가 문제를 해결해야 직성이 풀리는 성향이라고 이야기하더라고요. 한마디로 나서기 좋아하는 성향이었습니다. 의외였어요. 비록 상담 초기이긴 했지만, 제가 본 상진이는 나서기를 좋아하는 성격처럼 보이지 않았거든요. 단지 게임을 좋아하는 조용한 성향의 아이라고 생각했습니다.

게임 속에서만 나서기를 좋아하는 성향이 드러나던 상진이의 사정은 이러했습니다. 6학년 때 모둠별로 과제가 주어졌었는데, 당시 모둠장이었던 상진이는 모둠원들의 수고를 덜어준답시고 그들과 상의 없이 혼자서 모둠 과제를 한 후, 제출 전날 결과물을 모둠원들에게 보여주었다고 해요. 그러면서 자기 덕에 너희들은 고생을 안 해도 되니 얼마나 편하냐며 생색도 냈다고 합니다. 그러나 상진이의 예상과 달리 한마디 상의 없이 과제를 완성한 상진이에게 모둠원들은 화가 났습니다. 갈등 끝에 모둠원들은 상진이가 만든 결과물을 제출하지 않기로 하고, 모둠원들끼리만 따로 모여 하루 만에 과제를 다시 만들어 최종 결과물을 냈다고 합니다. 그날 상진이는 큰 충격을 받고 집에 와 펑펑 울었다고 해요. 친구들을 힘들지 않게 하고 싶어 홀로 애를 썼지만 그러한 마음을 전달하는 방법이 서툴러 고생은 고생대로 하고도 인정을 받지 못했으니 많이 속상했을 것입니다.

그 사건이 트라우마가 되어 나서지 않으려고 애썼지만 숨기려 해도 불쑥 나오는 본능이 게임 장면에서도 드러났던 것입니다. 대화 이후 상진이와는 상대의 상황과 기분을 먼저 헤아려 자신의 행동을 결정하는 연습을 시작했고, 나서고 싶은 순간엔 과거의 트라우마가 발목을 잡지 않도록 자존감을 높이는 연습도 병행했답니다.

지금까지 네 가지의 역할군을 바탕으로 아이의 욕구와 성향을 확인할 수 있는 방법에 대해 알아보았습니다. 한 가지 유의 사항을 말씀드리면, 아이가 너무 어리거나 게임을 시작한 지 얼마 안 됐을 경우 아이는 자신의 욕구와 성향을 투영할 캐릭터를 찾지 못했을 가능성이 큽니다. 감정을 이입할 정도로 게임 세계에 빠져 있거나 어느 정도 수준의 인지 능력을 갖추었을 때야 비로소 아이는 자아를 게임 속에 투영할 수 있게 된다는 사실을 기억해두시면 좋겠습니다.

부모님들께서 단순히 아이에게 어떤 역할군을 선호하냐고 질문한다고 해서 아이의 본 모습을 바로 파악할 수 있는 것은 아닙니다. 상진이(원거리 딜러) 사례처럼 자신이 억누르던 실제 자기 모습이 올라와 역할군의 본래 특성과는 다르게 플레이하고 있다는 사실은 부모가 게임 속에 들어가 있어야 알아챌 수 있습니다. 준희(암살자)처럼 약해 보이고 싶지 않아 친구를 도발하는 특성은 암살자로 어떻게 플레이하는지 옆에서 같이 해 봐야 확인할 수 있어요. 그렇기 때문에 아이 내면을 보다 자세히 알아보기 위해서는 아이와 게임을 같이 하셔야만 합니다. 아이는 게임 속에 들어가 있을 때 비로소 자기가 편하게 생각하는 모습을 드러내니까요.

제가 상담사이기 때문에 게임하는 아이들을 조금 더 예민하고 세심하게 관찰했을 수 있겠지만, 사실 집에서 아이와 함께 생활하는 부모님들보다 아이에 대해 더 잘 알 수는 없을 것입니다. 아이와 게임을 같이 하는 것에 거부감이 있겠지만, 그 마음의 벽을 조금만 허물 수 있다면 가끔 만나는 상담사보다 집에서 일주일 내내 함께 생활하는 부모님들이 아이에 대해 훨씬 더 많은 것을 알아낼 수 있을 것이라고 생각합니다.

용어 상점

·역할군
게임 내에서 유사한 역할을 하는 캐릭터들의 모임

·브롤러
브롤스타즈의 캐릭터를 칭하는 용어
(리그오브레전드의 경우 라인에 따른 역할이 아닌 사용하는 기술이나 특징을 기준으로 구분하였습니다.)

역할군, 더 깊이 이해하기

하나의 캐릭터에 하나의 역할군만 대응되는 것은 아닙니다. 원거리 딜러형 서포터, 서포터형 탱커 등 2~3개의 혼합된 역할군으로 플레이하는 캐릭터들도 존재하죠. 또한 역할군의 명칭이 다른 경우도 있는데요. 많은 아이들이 좋아하는 게임인 발로란트는 타격대, 감시자, 척후대, 전략가 등의 명칭으로 역할군을 구분합니다. 2개 이상의 역할군이 혼재되어 있거나 역할군의 용어가 다를지라도 역할군의 기본 개념은 유사합니다. 각 역할군별 기본 특징을 이해하시면 아이가 어떤 게임을 하더라도 플레이 방식과 캐릭터의 특성에 따라 적용이 가능하실 것으로 생각합니다.

17. 아이와 가까워지는 가장 좋은 방법은 게임을 하는 것입니다

 아이가 좋아하는 놀이 세계에 부모가 뛰어들어 적극적으로 같이 놀다 보면, 아이뿐만 아니라 부모도 아주 새로운 경험을 하게 됩니다. 아이와 함께 게임을 할 때 부모는 어떤 심리적인 변화를 경험하게 될까요?

 한국 콘텐츠 산업을 종합적으로 지원하는 공공기관인 한국콘텐츠진흥원에서는 2015년부터 매년 게임문화 가족 캠프를 운영하고 있습니다. 캠프는 그동안 게임으로 인해 소원해진 부모와 자녀의 관계가 회복될 수 있도록, 온 가족이 함께 즐길 수 있는 다양한 게임 관련 프로그램들로 구성되어 있는데요. 캠프의 꽃이라고 할 수 있는 메인 프로그램은 브롤스타즈와 카트라이더 대회입니다. 캠프에 참여한 모든 가족들은 부모와 아이가 한 팀이 되어 다른 가족들과 게임 대결을 해야 합니다. 그 과정이 게임 캐스터와 해설자를 통해 캠프 내에서 생중계되기 때문에 캠프 참여자들은 실제 게임 대회에 참가하고 있는 경험을 하게 되죠.

 따라서 캠프에 참여하기 위해서는 모든 가족이 대회에 참가할 가족 구성원을 정해 팀을 꾸리고 사전에 반드시 브롤스타즈와 카트라이더를 연습해야 합니다. 계정도 없고 조작 방법이나 규칙도 모르는 부모는 이미 이 분야 달인이 되어 있는 아이에게 게임을 배우기도 하고 부모와 아이가 모두 해당 게임을 잘 모르는 경우 게임 방식을 함께 익혀가면서 대회를 준비합니다.

 저는 아이의 게임 사용 문제로 고민이 있는 가족들을 상담하기 위해 캠프에 참여했었는데요. 상담을 진행하며 부모님들에게 아이와 함께 게임하며 대회를 준비했던 경험이 어땠냐고 물었더니 한 가족도 빠짐없이 긍정적으로 답하셨습니다. 신선하면서도 재밌었고, 그동안 아이가 보여주지 않았던 새로운 모습을 볼 수 있었으며, 아이와 같은 관심사를 공유하게 되어 대화도 많아지고 웃을 수 있었다고 하시더라고요. 아이가 혼자 게임할 때에는 심하게 몰입되어 있는 눈빛을 보면서 걱정을 많이 했었는데, 부모와 게임할 때는 아이가 부드럽고 온화한 눈빛으로 게임을 하게 된다고 이야기한 부모님도 있었습니다.

 부모가 아이들이 좋아하는 게임을 같이 할 때, 그 게임을 처음 하는 부모라면 당연히 서툴 수밖에 없습니다. 아이와 부모 모두 이제 막 게임을 시작해 부모가 아이에게 기초를 알려주는 단계라고 하더라도, 아이는 친구와 게임 이야기를 하거나 따로 시간을 내어 연습하는 등 게임에 노출되어 있는 시간이 부모보다 훨씬 많을 것이기 때문에 금세 부모의 실력을 넘어서게 되죠.

 일상에서 부모는 아이 앞에서 모든 것이 능숙하고 잘 아는 사람으로 포지셔닝 되어 있습니다. 아이는 서툴고 잘 모르는 것이 많기 때문에 부모로부터 배워나가는 입장이죠. 그러나 아이와 같이 게임을 할 때만큼은 이러한 관계가 완전히 뒤바뀝니다.

 게임이 서툰 부모를 보고 아이는 자연스럽게 잔소리를 하거나 그것도 못하냐는 말로 부모를 무시하는 행동을 보일 수도 있는데요. 이런 표현은 '엄마도 못하는 게 있네'라는 호기심을 담고 있는 것이라고 생각하시면 됩니다. 그동안 완벽하고 모든 것을 잘하는 줄 알았던 부모보다 자기가 더 잘하는 것이 있다는 사실에 은근한 우월감을 느끼는 과정이라고도 볼 수 있습니다. 이 순간은 친구보다 잘하는 것이 있다는 것을 발견하는 순간보다 몇 배는 더 큰 우월감을 느끼게 해줍니다. 따라서 부모가 게임을 하다가 뭔가 잘 안 풀릴 때 "이것 좀 도와줘.", "이것 좀 대신 해줘."라고 부탁해도 아이는 귀찮아하지 않고 기꺼이 도와줄 수 있는 것이죠.

게임에 서툰 부모는 가르치기만 하던 자신의 지휘를 아이에게 넘겨주고 배우는 입장이 됩니다. 아이보다 잘해야 하고 능숙해야 한다는 압박감에서 벗어난 부모는 편안한 마음으로 아이의 지시를 따르면서 의지하게 되죠. 이런 심리적 과정에 대해 많은 부모님들이 '신선하다', '새롭다', '어색하지만 재미있다'라고 표현하셨던 것입니다.

함께 게임을 하면 게임을 마치고 나서도 게임을 하면서 느꼈던 즐거움을 이어나갈 수 있습니다. 게임하는 중간에 이야기 나눌 거리들이 많이 생기거든요. 함께 했던 플레이 장면을 떠올리며 서로의 플레이 방식을 칭찬하거나 실수했던 부분을 장난스럽게 지적할 수도 있을 것입니다. 또 다음 게임을 위한 전략과 계획을 미리 짤 수도 있겠죠. 아이와 어떻게 놀아야 할지,

무슨 주제로 대화를 해야 할지 몰라 심리적 거리를 느끼고 계시다면 게임을 함께 하는 것만큼 아이와 가까워지는 방법은 없는 것 같습니다.

한 가지 당부의 말씀을 드리면, **아이와 게임을 같이 할 때 가능하면 적군이 되기보다는 팀플레이를 하는 것을 추천합니다.** 아이와의 관계가 급속도로 가까워질 수 있거든요. 플레이 과정에서 미리 짠 전략이 잘 들어맞았을 때, 서로 합심해서 힘든 대결에서 이겼을 때, 그동안 실패를 거듭했던 단계를 결국 넘어섰을 때 등 아이와 부모가 한 팀이 되어 대결이나 미션을 성공한다면 아이뿐만 아니라 부모에게도 대단히 큰 짜릿함과 만족감을 느끼게 해줄 것입니다.

또 지거나 실패하더라도 아이는 자기 곁에 그 과정을 함께 한 동료가 있기 때문에 속상하거나 짜증 나는 등의 부정적 감정을 덜 느낄 것입니다. 게다가 가르치는 지휘를 넘겨받은 아이는 어른스럽게 행동하기 위해 자기 감정을 잘 추스르려고 더욱 노력할 거예요.

아이는 자라면서 조금씩 자기만의 세계를 만들어갑니다. 좋아하고 싫어하는 것이 무엇인지, 어떤 것을 할 때 힘이 나고 기운이 빠지는지 등을 점점 알아가죠. **엄마나 아빠가 칠해 놓은 도화지에 자기만의 색깔을 선명하게 덧칠하며 새로운 그림을 그려나가는 것입니다.**

아이가 어릴 때는 부모 주도로 아이를 통제하고 양육하기 때문에 부모가 아이의 세계를 대신 만들어줍니다. 자기가 어떤 사람인지에 대한 자기 개념이 만들어지기 전이기 때문에 아이는 부모가 자신에게 하는 말, 눈빛, 태도 등 부모의 언어와 비언어를 통해 자기 자신의 이미지를 만들죠.

부모가 아이의 삶에 깊숙이 개입하고 있는 그 시기에는 우리 아이가 어떤 성향이고 무엇을 좋아하며 무엇을 싫어하는지 비교적 파악하기 쉽습니다. 하지만 아이가 부모로부터 심리적으로 독립하기 시작하게 되는 시점부터는 부모가 아이에게 관심을 갖고 어떤 생각과 감정을 갖고 있는지 들여다보려고 애쓰지 않는다면 새롭게 만들어지는 아이의 세계를 이해하기가 점점 어려워집니다. 더 이상 부모가 만들어준 모습이 아니라 내가 갖고 있는 능력, 사람들 사이에서 자신의 역할, 자기가 편하다고 생각하는 행동들을 바탕으로 '나'라는 사람이 완성되어 가기 때문입니다.

 부모로부터 심리적으로 독립해 자기 개념을 만들어가는 과정은 어느 아이에게나 동일하게 일어나는 자연스러운 현상입니다. 어른이 된 부모에게도 이러한 심리적 독립의 과정이 있었지만 아마 인지하지 못한 채 어른이 되었을 것입니다.

 아이가 심리적으로 성장하는 시기에 아이와 함께 게임을 하는 것은 아이가 주도적으로 구축해나가는 내면세계에 부모가 관심을 갖는 행위라고 볼 수 있습니다. 삶의 목적이라고 여겨지는 놀이가 항상 부정당하고 통제의 대상으로 여겨지곤 했는데, 어느 날 갑자기 부모가 게임을 같이 해보겠다고 다가오면 아이는 '우리 아빠는 나를 이해하지 못하는 사람', '엄마는 나를 싫어하는 사람'과 같이 그동안 부모에 대해 가졌던 이미지를 조금씩 변화시켜 나가게 될 것입니다.

 상담을 하면서 아이와 함께 놀아주고 싶은데 어떻게 놀아줘야 할지 모르겠다고 말하는 부모님들이 정말 많습니다. 직장 생활을 하며 아이와 함께 보낸 시간이 적고 아이가 무엇을 좋아하는지 몰라 "축구할까?", "자전거 타볼까?"라고 물어보면 번번이 퇴

짜를 맞춘다는 것이에요. 그런 아이에게 다가갈 수 있는 좋은 도구가 바로 게임입니다.

부모가 같이 게임을 하면 아이가 문제의식 없이 더 오래, 더 자주 게임을 하게 되지 않을까 걱정하실 수 있습니다. 그러나 오히려 게임을 통해 생겨난 아이와의 유대감은 아이가 자전거타기나 축구, 등산 등 다른 활동으로 관심 갖도록 도와줍니다. 자기가 좋아하는 것을 부모와 함께 하면서 아이는 자연스럽게 부모를 믿고 의지하게 되거든요. 부모가 자기를 위하고 이해해주는 존재라는 것을 아이가 인식하게 되면 아이는 부모와 함께 하는 다른 활동에도 관심과 의욕을 보일 것입니다.

물론 어른 입장에서 아이가 좋아하는 게임이 재미있게 느껴지지 않을 수 있습니다. 흥미도 없고 억지로 같이 게임을 하는 것이 곤혹스러울 수 있어요. 하지만 아이에게 같이 게임해보자고 말했을 때 달라지는 아이의 눈빛, 밝아지는 표정을 한 번이라도 보게 된다면 아이와 함께 게임을 하는 것이 아이에게도 그리고 부모 자신에게도 의미 있는 체험이라는 것을 느끼게 될 것입니다. 오늘 저녁, 한번 도전해보시죠.

18. 막연한 불안감은 같이 게임할수록 옅어집니다

 귀여운 캐릭터를 조작하여 간단한 미션을 수행하거나 퍼즐을 맞추는 등의 단순한 게임보다 적과 싸워 무찌르는 스타일의 게임을 좋아하는 아이들이 있습니다. 전투 장면은 슈팅 게임, RPG 게임 등에 특히 많이 포함되어 있는데요. 상대를 죽여야 수월하게 퀘스트를 완료할 수 있고 최종적으로는 게임에서도 이길 수 있기 때문에 총을 쏘거나 망치로 내려치고 칼로 베는 잔인한 모습들이 화면에 종종 등장합니다.

 브롤스타즈 같이 전체 이용가 등급의 게임은 그러한 장면이 적나라하지 않고 아기자기한 애니메이션으로 처리되어 플레이어가 시각적인 불편함을 덜 느끼겠지만, 그럼에도 불구하고 우리 아이가 상대를 없애는 것이 목적인 게임을 지속하다 보면 게임이 아닌 현실에서도 그러한 행동을 하게 되지 않을까 걱정이 되실 수 있어요.

미국의 경우 총기 난사 사건이 일어나면 그 원인 중 하나로 지목받는 것이 바로 슈팅 게임입니다. 게임 공간에서 상대에게 총을 쏴 맞추는 행위에 과도하게 몰입하다 보면 플레이어가 게임과 현실을 구분하지 못하게 되어 실제 사람들에게 총을 난사하게 되는 것 아니냐는 문제 지적이 항상 있어 왔어요.

여러 연구자들이 폭력적으로 보이는 게임과 공격적인 행동 사이의 상관관계가 크지 않다고 밝히곤 있지만[7) 8)] 게임 안에서 총을 쏘고 칼을 휘두르는 아이의 모습을 곁에서 매일 지켜보게 된다면 폭력적인 게임이 아이에게 안 좋은 영향을 줄 것 같은 막연한 불안과 걱정이 당연하게 생길 것입니다.

게다가 아이가 게임을 하면서 울거나 소리를 지르고 물건을 부수거나 욕을 하는 등 폭력적이고 과격한 행동들을 지속적으로 보게 된다면, 결국 이런 행동들의 원인이 게임이라는 생각이 들어 당장에라도 그만두게 해야 할 것 같은 조급한 마음도 생길 거예요.

이럴 때일수록 부모는 아이와 게임을 같이 할 필요가 있습니다. 막상 아이와 같이 게임을 해보면 부모가 게임 공간 밖에서 지나가듯 게임 화면을 보며 느꼈던 것과 달리 게임 속 장면들과 사운드 등이 아이의 연령을 고려했을 때 이해되는 수준일 수도 있기 때문입니다. 아이가 플레이하고 있는 게임 속에 어느 정도의 폭력적인 요소가 포함되어 있는지를 직접 확인하면 조금은 안심하실 수 있을 거예요.

　단, 아이가 게임 이용 등급에 알맞은 게임을 하고 있다는 전제 하에 그럴 수 있다는 말입니다. 부모가 직접 해봐도 아이가 하기에는 폭력성이 짙은 게임인 것 같은데, 실제로도 아이가 게임을 하면서 폭력적이고 과격해지는 것 같다고 말씀하시는 대부분의 경우, 아이들은 연령에 맞지 않는 게임을 하고 있었습니다.

　우리 아이가 하는 게임이 자신의 연령에 맞는 게임인지 확인할 수 있는 쉬운 방법은 인터넷 포털 사이트에서 해당 게임을 검색하는 것입니다. 간단한 검색만으로 게임 정보와 등급을 함께 확인할 수 있습니다. 검색을 통해 확인할 수 없는 경우도 있는데요. 그럴 땐 게임물관리위원회 홈페이지, 또는 앱스토어나 플레이스토어에서 게임을 검색하시면 등급을 알 수 있습니다.

이용 등급에 맞지 않는 게임이더라도 친구들이 모두 즐기고 있어 우리 아이가 친구들 사이에서 소외되면 안 되니 하는 수 없이 계정을 만들어줄 수도 있을 것입니다. 이렇게 어쩔 수 없는 상황에서 아이에게 계정을 만들어 주셨다면 우리 아이가 어느 정도 수준으로 부정적인 영향을 받는 게임을 하는지 게임 등급 분류 기준을 확인하는 것도 좋은 방법입니다.

선정성, 폭력성, 범죄 및 약물, 부적절한 언어, 사행성의 5가지 요소를 종합적으로 고려하여 등급 분류

구분	전체이용가	12세 이용가	15세 이용가	청소년 이용불가
선정성	선정적 내용없음	성적 욕구를 자극하지 않음	가슴과 둔부가 묘사되나 선정적이지 않은 경우	선정적인 노출이 직접적이고 구체적 묘사
폭력성 및 공포	폭력, 혐오, 공포 등의 요소가 단순하게 표현	폭력, 혐오, 공포 등의 요소가 경미하게 표현	폭력, 혐오, 공포 등의 요소가 사실적으로 표현	폭력, 혐오, 공포 등의 요소가 과도하게 표현
범죄 및 약물	범죄 및 약물 내용없음	범죄 및 약물을 묘사한 부분이 경미	범죄 및 약물을 간접적으로 묘사한 경우	범죄 및 약물을 구체적, 직접적으로 묘사
언어	저속어, 비속어 없음	저속어, 비속어가 있으나 표현이 경미	저속어, 비속어가 있으나 표현이 경미	언어표현이 청소년에게 유해하다고 인정되는 경우
사행성	사행행위 모사가 없거나 사행심 유발정도가 청소년에게 문제가 없는 경우	사행심 유발 정도가 12세 미만의 사람에게 유해한 경우	사행심 유발 정도가 15세 미만의 사람에게 유해한 경우	사행심 유발 정도가 청소년에게 유해한 영향을 미칠 수 있는 경우

등급분류세부기준 [9]

아이가 친구 관계를 유지하기 위해 혹은 너무 재미있어서 등급에 맞지 않는 게임을 하는 상황에서는 부모가 게임을 같이 해줘야 할 필요성이 더욱 커집니다. 전체 이용가가 아닌 게임은 플레이어가 아이보다 나이가 많은 학생이거나 성인일 확률이 높아요. 이 경우 아이는 자신보다 나이가 많은 청소년, 어른들

이 사용하는 언어를 보다 쉽게 접할 수 있습니다. 또한 그렇게 만난 익명의 플레이어와 겜친이 되어 음성 채팅을 통해 대화를 주고받는 사이가 될 수도 있겠죠. 이때 아이들이 종종 계정 거래 사기를 당하거나, 사이버 도박의 세계에 빠져들기도 합니다.

그렇기 때문에 아이가 많은 시간을 소비하고 있는 게임 세계에서 어떤 일들이 일어나고 있는지 직접 확인하기 위해서라도 부모가 아이와 같이 게임을 할 필요가 있는 것입니다. 만약 부모가 보기에도 너무 거칠고 폭력적이며 비속어와 욕설이 난무하고 사행심을 유발하는 정도가 강하다면, 아이에게 플레이 횟수를 줄이거나 다른 게임을 같이 하자고 요구할 수 있을 것입니다. 게임을 함께 하며 유대감이 쌓여 있다면 진심으로 자신을 걱정해주는 부모의 말을 비교적 잘 수용할 거예요.

그럼에도 불구하고 등급에 맞지 않는 게임을 아이가 지속하겠다고 하는 경우도 있을 겁니다. 우선 게임을 같이 하며 게임 내에서 벌어지는 폭력적인 상황에 대해 실제와 다를 수 있음을 설명해주세요. 그리고 저속한 언어에 아이가 노출되었을 때 우리만큼은 저런 언어를 사용하지 말자는 게임 규칙을 별도로 정해 플레이를 이어 나가 주세요. 또한 닮아야 할 행동이 어떤 것인지, 피해야 할 언어는 어떤 것인지 구분하는 능력이 키워질 수 있도록 바람직하지 않은 상황들에 휘둘리지 않는 부모의 모습을 보여주세요.

 게임의 폭력성으로 인한 부모의 불안은 역설적이게도 게임을 금지함으로써가 아니라 아이와 게임을 재미있게 적극적으로 즐길수록 옅어질 수 있습니다.

19. 둘째는 너무 빨라서 더 어렵습니다

 아이 여럿을 키우는 가정의 경우 둘째는 부모의 의지와 상관없이 상대적으로 이른 시기에 게임과 친해집니다. 언론과 미디어를 통해 어린 나이에 스마트폰을 접하는 것이 아이 발달에 좋지 않다는 이야기를 많이 접하셨을 텐데요. 그렇기 때문에 둘째가 일찍부터 게임에 관심을 가질 때 생겨나는 부모의 걱정은 첫째가 숙제를 하지 않고 게임을 하거나 게임을 하면서 비속어를 쓰는 등의 모습을 볼 때 느껴지는 감정과는 결이 다릅니다. 아이가 일찍 게임을 배운 만큼 첫째보다 게임의 안 좋은 요소들을 더 쉽게, 더 빨리 흡수해 몸과 정신이 금세 망가지지는 않을까 하는 불안감을 주로 느끼시는 것 같더라고요.

 둘째 아이는 첫째가 하는 행동 대부분을 따라 합니다. 첫째 아이가 아빠랑 몸으로 놀고 있으면 "나도 놀아줘." 하면서 달려오거나, 엄마를 도와주고 있으면 "내가 도와줄래." 하면서 첫째를 밀치고 엄마 곁으로 파고들죠.

 둘째 특성상 부모가 자신보다 첫째에게 더 많은 관심이 있다고 느끼기 때문에, 무의식중에 첫째의 행동을 긍정적으로 평가하는 경향이 있습니다. 또한 자신의 신체적인 발달 상태나 인지 수준을 파악해 할 수 있는 것과 없는 것을 구분하는 데 서툴기 때문에 첫째가 하는 것을 자신도 모두 다 할 수 있다고 착각하기도 하죠. 따라서 첫째가 재미있게 게임을 하고 있는 가정이라면 둘째가 또래보다 이른 시기에 게임 세계 속으로 들어가게 되는 것을 막기란 어렵습니다.

 아직 소근육이 덜 발달되어 있는 둘째는 섬세한 조작이 어렵고 규칙을 제대로 이해하지 못한 상태에서 플레이하기 때문에 PC보다는 모바일 게임에 흥미를 더 많이 느낍니다. 여기에 스마트폰으로 유튜브를 한 번이라도 접했다면 '재미있는 영상을 볼 수 있는 것'이라는 긍정적인 이미지와 게임이 담아내고 있는 화려하고 신기한 요소들이 합쳐져 스마트폰으로 하는 게임에 더욱 쉽게 몰입하게 됩니다.

게임에 몰입하고 있는 도중에 게임을 멈추도록 제지할 경우, 둘째 아이는 첫째와 비교해 더욱 격한 반응을 보일 확률이 높습니다. 첫째는 할 말이 많지만 분노를 삭이거나 아니면 반항하는 태도를 보이며 부모에게 저항한다면, 둘째는 첫째에 비해 상대적으로 어리기 때문에 맛있게 먹던 음식을 빼앗긴 아이처럼 울거나 소리를 지르며 더욱 본능적으로 반응하죠. 마치 젖병을 빼앗긴 아이처럼요.

 그런 아이를 보면 부모는 덜컥 겁이 납니다. 아이가 게임을 너무 일찍 접했기 때문에 이렇게 떠나가라 울고불고 소리를 지르는 등 자기 통제를 하지 못하는 것처럼 생각되거든요. 다시 젖병을 줘야 달래지는 갓난아기처럼 다시 게임을 시켜줘야 아이의 감정이 누그러질 것 같아 어쩔 수 없이 게임을 조금 더 시켜주기도 할 것입니다. 결국 첫째처럼 또다시 아이에게 휘둘리게 되는 기시감이 들고, 게임을 하는 아이와의 싸움이 영원히 끝나지 않을 것 같은 불안감에 휩싸이게 될 거예요.

 부모의 어려움은 또 있습니다. 둘째가 부모의 태도를 문제 삼는 것이에요. 첫째는 내버려두면서 왜 자기만 게임을 못 하게 하냐는 이야기 많이 들으셨을 겁니다. 첫째는 둘째보다 좀 더

컸기 때문에 스마트폰의 안 좋은 영향이 상대적으로 적을 것이라는 생각도 있고, 게임을 못 하게 해도 말을 잘 듣지 않으니 어쩔 수 없이 내버려 두는 경우가 많은데요. 그 모습을 지켜본 둘째는 이유와 상관없이 차별대우하는 것을 두고 지적합니다.

아이가 "왜 형은 해도 되고 나는 하면 안 돼?"라고 질문하면 부모로서 딱 부러지는 대답을 해주기 어렵습니다. 부모 스스로가 느끼기에도 첫째와 둘째를 대하는 태도가 공평하지 않거든요. 가뜩이나 둘째가 부모로부터 예쁨 받기 위해 애쓰는 모습을 보며 짠할 때가 있는데, 자신을 차별 대우한다고 이야기하면 게임을 통제하려 해도 그 순간 마음이 약해지기 마련입니다.

게임 속에서 어떻게 플레이하는지를 들여다보면 우려되는 사항 하나를 더 발견할 수 있습니다. 어느 정도 논리적 사고가 가능한 시점에 게임을 하고 있는 첫째와 달리 둘째는 게임 내에서의 매너, 페어플레이 방식, 캐릭터의 특성 등을 충분히 인지하지 못한 상태에서 게임을 진행하는 경우가 많은데요. 이 때문에 아이는 게임하는 중간에 쉽게 나가기도 하고, 조작을 제대로 하지 못해 팀원들에게 반복적으로 피해를 주기도 합니다. 이로 인해 게임 공간 안에서 다른 플레이어로부터 자주 비난을 받거나 심하면 계정이 정지되기도 하죠. 이렇게 게임을 방해하는 행동이 몸에 배면 자신의 능력을 발휘하여 얻을 수 있는 보상보다 상대를 자극하면서 얻어지는 쾌감을 목적으로 게임을 하게 될 수도 있습니다.

앞서 게임하는 아이들은 아직 성장하는 과정에 있기 때문에 자기를 조절하는 데에 실패할 가능성이 크다고 말씀드렸는데요. 나이가 더 어린 둘째의 경우에는 그 가능성이 훨씬 더 높아 주변 사람들의 도움이 더욱 많이 필요합니다. 이때 첫째의 도움도 굉장히 중요합니다. 둘째의 생활 환경엔 첫째라는 게임 과몰입 모델이 있기 때문에 게임하는 행동을 조절하기가 훨씬 힘이 드는데요. 이 때문에 부모는 둘째가 올바른 모델을 접할 수 있도록 가정 내 환경을 개선해줄 필요가 있습니다.

가장 좋은 방법은 첫째에게 게임 조절 모델로서의 역할을 부여하는 것입니다. 먼저 첫째에게 둘째가 게임을 하면서 나타내는 행동들은 누구를 보면서 배웠을 것 같은지 물어봐주세요. 게임을 하면서 사용하는 용어, 게임을 그만해야 할 때 부모에게 하는 행동 등을 자연스럽게 보고 배울 수밖에 없음을 알려주는 것이 중요합니다. 둘째는 너무 어려 나쁜 것과 좋은 것을 구분하기 어렵다는 것도 함께 알려줘야 하고요.

첫째 아이가 둘째 아이의 문제를 인식했다면, 도움을 구해보는 겁니다. 대가를 주고받기보다는 둘째가 건강하고 올바르게 클 수 있게 식구들이 함께 노력했으면 좋겠다는 이야기를 진심으로 전해보세요. 둘째보다는 크더라도 아직 아이인 첫째이지만 맏이로서의 역할과 책임감에 대해 부모가 찬찬히 설명해주다 보면 자신의 행동이 둘째에게 안 좋은 영향을 줄 수 있다는 생각이 심어질 것입니다.

물론 부모의 부탁을 듣고 당장은 열심히 노력해야겠다는 생각이 들어도 바로 게임 조절 모델의 역할을 완벽하게 해내기 어려울 수 있습니다. 이때 부모가 첫째와 함께 게임하며 올바른 게임 조절 모델의 경험을 지속적으로 누적시켜준다면, 첫째는 부모가 없더라도 둘째와 함께 게임하는 순간에 더욱 효과적인 본보기가 되어줄 수 있을 거예요.

게임을 끊게 하는 신박한 방법을 기대하셨던 분들 입장에서는 둘째가 아니라 첫째를 공략하라는 전략이 마음에 안 드실 수 있습니다. 하지만 여러 차례 말씀드렸다시피 무작정 게임을 못 하도록 막는 방식은 결국 실패할 수밖에 없습니다.

 혹여 둘째의 게임 사용 시간을 강력하게 제한하더라도 아이가 부모의 통제를 따르는 기간은 그리 길지 않을 것입니다. 일찍 게임을 접한 만큼 더욱 몰입해서 게임을 하게 될 거예요. 게임을 못 하게 막는 방식으로는 통제가 안 되는 시점이 분명히 옵니다. 서서히 첫째는 사춘기에 돌입해 부모는 첫째와 소통하는 것만으로도 지치는데, 둘째마저 첫째의 행동을 그대로 따라 하며 부모의 통제를 손쉽게 벗어난다면 더 이상 손 쓸 방법이 없어집니다.

 둘째는 어린 나이에 게임을 시작한 만큼 게임과 가까워지는 속도가 매우 빠릅니다. 하지만 동시에 자기 곁에 있는 모델을 모방하는 속도 역시 빠릅니다. 둘째의 게임 사용량을 부모가 희망하는 만큼 줄일 수는 없겠지만, 첫째가 게임 조절 모델의 역할을 해준다면 적어도 둘째가 게임상에서 비속어를 사용하는 횟수만큼은 줄여줄 수 있을 것입니다. 게임할 때 반드시 장착해야 할 필수적인 예의와 페어플레이 정신만이라도 가르칠 수 있을 거예요. 동시에 첫째 역시 둘째를 의식하며 게임을 하게 되어 서서히 자신의 행동을 점검하고 조절하려고 노력하게 될 것입니다. 마찬가지로 이와 관련된 상담 사례 하나를 이어서 말씀드릴게요.

지석이와 지혁이는 4살 터울의 형제입니다. 동생 지혁이는 형 지석이가 게임하는 모습을 보며, 초등학교 1학년이라는 이른 나이 때부터 게임을 즐기기 시작했습니다. 초등학교 4학년 때 게임을 시작한 지석이에 비해 지혁이는 훨씬 어린 나이에 게임을 시작하게 된 것이죠.

두 아이의 어머님은 숙제를 미루고 게임을 하는 지석이와 형이 게임할 때 나란히 붙어 앉아 게임을 하는 지혁이를 보며 형제가 모두 게임에 중독되어 있는 것 같아 많이 걱정하셨어요. 특히 지혁이는 어린 나이임에도 정해진 약속을 넘기며 오랜 시간 동안 게임을 하고 있었고, 형이 쓰는 생소한 게임 용어를 일상 생활에서 너무나도 자연스럽게 쓰고 있었습니다.

저는 형 지석이를 상담하면서 여러 회기를 지석이가 동생을 위한 게임 조절 모델이 되어주도록 하는 데 시간을 할애했습니다. 지석이의 행동이 지혁이에게 어떠한 영향을 줄 수 있는지 함께 생각해보고 저와 지석이가 같이 브롤스타즈를 했던 경험을 떠올리며 올바르게 게임하는 태도에 대해서도 이야기 나눴어요. 형으로서의 역할과 책임감에 대해 알려주면서도 동시에 형이라는 이유로 부담스러운 짐을 안겨준 것에 대한 미안함도 전달했습니다.

그렇게 동생에게 좋은 모습을 보여주기 위해 의식적으로 스스로를 조절하게 된 지석이의 행동은 조금씩 보기 좋은 쪽으로 변화하기 시작했습니다. 한 팀을 이뤄 게임을 하다가 동생이 못해서 졌을 때 동생한테 화내지 않으려 하거나, 정해진 판 수를 다 하면 자신이 먼저 끄고 동생도 꺼야 한다고 알려주는 등 게임 조절 모델이 되어주기 위해 애써주었어요. 물론 매번 본보기가 되는 행동을 동생에게 보여주지는 못했지만, 저와의 약속을 지키기 위해 노력한 부분에 대해서는 칭찬을 많이 해주며 앞으로도 힘내주기를 부탁했습니다.

과연 두 아이는 얼마큼 개선되었을까요? 상담 후반 무렵, 지석이는 동생 지혁이뿐 아니라 부모님이 볼 때도 믿음직스러운 모습을 보여주려고 노력하며 게임하게 되었다고 해요. 어머님께서는 지석이가 동생과 같이 게임할 때는 가급적 일찍 게임을 종료하려고 하고 비속어도 최대한 안 쓰려고 애써줘서 그런지 동생 지혁이의 행동 또한 조금이나마 개선된 것 같다고 하시더군요. 비록 게임하는 시간이 많이 줄진 않았지만, 첫째가 둘째의 좋은 본보기가 되어준 긍정적인 사례라고 볼 수 있을 것입니다.

여기까지 읽고 첫째를 공략해야겠다고 마음먹은 분들에게 한 가지 당부의 말씀을 드리고 싶습니다. 첫째에게 게임 조절 모델로서의 역할을 부탁하기 위해서는 첫째와의 관계가 긍정적이고 끈끈해야 합니다. 자신을 사랑하고 믿어주는 부모가 하는 말이어야 아이는 다소 귀찮고 어려운 요구라도 들어줄 수 있습니다. 자기 조절력이 형성되어가는 과정을 설명할 때 말씀드렸던 것처럼 부모와 아이가 서로 신뢰하고 위로가 되는 관계라면 아이는 게임 조절 모델이 되어주라는 부모의 요구를 서서히 내면화하여 스스로의 행동을 점검해나갈 것입니다.

더불어 첫째가 게임 조절 모델이 되어주는 데 지속적으로 실패하더라도 믿음을 갖고 기다려주시면 좋겠습니다. 애써서 조절 모델이 되려고 했던 순간을 놓치지 않고 칭찬하여 성취감을 갖도록 하는 것도 첫째가 더 열심히 조절 모델이 되어주도록 촉진하는 좋은 방법입니다. 작은 것 하나라도 조절 모델로서의 역할을 해냈다면 긍정적으로 반응해주세요. 아이로서 어려운 역할을 해나가고 있는 것입니다.

 첫째가 둘째와 함께 게임을 할 기회가 많기 때문에 첫째에게 게임 조절 모델의 역할을 요구하라는 제안을 드렸지만, 시간이 허락한다면 온 가족이 함께 게임을 하면서 첫째뿐만 아니라 여러분도 둘째에게 언어와 행동을 잘 조절하는 모습을 보여주세요. 부모가 보여주는 행동 또한 본보기가 되어 점차 아래로 흘러 내려갈 것입니다.

Quest
20. '현질'도 배움의 기회가 될 수 있습니다

 가뜩이나 게임에 빠져 있는 모습을 지켜보는 것도 싫은데 현질까지 해달라고 조르면 얘가 도대체 생각이 있는 건가 싶을 거예요. 아무리 게임하는 걸 이해해주려 해도 실제로 돈을 써가면서까지 게임을 하는 것은 도저히 납득이 안 될 수 있습니다.

 현질은 엄밀히 말하면 현금을 지불하여 게임 공간 안에서 사용할 수 있는 게임머니를 구매하는 행위입니다. 구매한 게임 머니를 활용해 아이들은 게임 내 상점에서 레벨업에 필요한 경험치나 전투에서 필요한 무기, 캐릭터의 모습을 꾸밀 수 있는 스킨, 희귀한 캐릭터 등 유료 아이템을 구매하죠. 이러한 게임머니는 돈으로 구매하지 않더라도 로그인을 하거나 이벤트 등을 통해 무료로 주어지기도 합니다. 또한 무기나 경험치, 스킨, 캐릭터 등도 무료로 얻을 수 있어요. 하지만 무료로 받는 게임머니의 양이 그렇게 많은 편이 아니고, 원하는 양의 경험치나 갖고 싶은 스킨, 캐릭터 등을 원하는 시점에 얻을 수 있는 확률 또한 매우 낮기 때문에 현질을 해달라고 조르는 것입니다.

 부모 입장에서는 게임머니를 구매하는 것보다 매일 게임에 접속하더라도 무료로 주어지는 게임머니나 아이템 등을 활용해 성실하게 캐릭터를 키워나가는 모습이 오히려 더 낫다고 생각하실 거예요. 그러나 성실함만으로 게임을 하려 해도 현질을 통해 캐릭터가 멋있게 변하고, 전투에서도 쉽게 이기는 친구를 보게 되면 따라 하고 싶은 마음이 자연스럽게 생길 수밖에 없습니다. 또 유튜버들이 방송에서 현질을 통해 어려운 단계를 쉽게 깨나가고 게임을 훨씬 재미있게 할 수 있는 방법 등을 보여준다면 아이들은 현질의 욕구에 더욱 강하게 사로잡히게 될 거예요.

 여러분도 마치 요즘 아이들이 게임에서 하는 것처럼 어린 시절 현질을 했던 경험이 있을 것입니다. 좋아하는 아이돌 가수의 브로마이드나 CD, 카세트테이프 등을 사거나, 그들을 직접 응원하러 콘서트 티켓을 예매했던 경험 말입니다.

좋아하는 대상에 관한 물품을 구매하는 덕질 행위는 그 대상에 더욱 몰입할 수 있도록 도와주기 때문에 큰돈이든 적은 돈이든 구매하고자 하는 욕구가 계속 생겨나기 마련입니다. 예를 들어 브로마이드나 포토 카드를 소장하면 가수와 항상 함께하는 기분이 들고, 좋아하는 가수가 입었던 옷이나 패션 아이템 등을 구매해 스타일을 따라 하다 보면 나도 그 사람과 비슷하게 멋져진 것 같은 착각이 들게 만들죠.

이러한 맥락에서 게임 현질을 이해하시면 좋을 것 같습니다. 전투력을 높여주는 아이템을 구입해 장착하게 되면 이전보다 쉽게 적을 무찌를 수 있습니다. 구입한 경험치를 활용하면 연속으로 10판 이상을 이겨야 올라갈 수 있는 레벨까지 한 번에 도달해 어렵기만 하던 현재의 스테이지도 쉽게 넘어갈 수 있죠. 할로윈이나 크리스마스가 되면 특별한 날에만 구매 가능한 스킨이 업데이트 되는데요. 이런 스킨을 구매해 착용하면 주변 사람들의 관심을 한 몸에 받을 수도 있습니다.

이렇듯 콘텐츠를 즐기는 과정에서 돈을 썼을 때 더욱 재미있게 즐길 수 있다는 점을 부정하기는 어렵습니다. 그렇기 때문에 현질을 하게 하느냐, 못 하게 막느냐보다 어떻게 하면 우리 아이가 현명하게 현질하게 할 수 있을지 고민하셔야 합니다.

 사실 부모님들께서 걱정하는 부분은 현질 그 자체라기보다 현질을 할 때 무분별하게 돈을 쓰게 되는 점일 것입니다. 한 번 하게 해주면 지속적으로 요구하게 될 것 같아서 아예 시작도 못 하게 막고 계실 수 있어요. 이런 고민을 해결하는 좋은 방법은 아이가 경제 관념을 익힐 수 있도록 돕는 것입니다.

 게임 현질이라고 해서 일반적인 구매 상황과 크게 다르지 않습니다. 아이가 좋아하는 무언가를 구매하는 행위이기 때문에 자신이 갖고 있는 돈을 지불해 물건을 사되 계획적으로 구매할 수 있도록 연습시킬 필요가 있어요.

 아이에게 경제 관념을 심어주기 위해서는 먼저 날짜를 정해 아이에게 주기적으로 용돈을 주고 아이가 이를 적절히 배분해 보도록 하는 것이 좋습니다. 그리고 그중 일부로 게임머니를 구매를 하도록 하는 것이죠. 단, 용돈으로 구매할 수 있는 게임 머니의 비중을 반드시 정해놓으셔야 합니다. 설날이나 추석이 되면 용돈을 많이 받기 때문에 자신이 받은 용돈을 모두 사용하여 게임머니를 구매할 수도 있거든요.

이와 함께 부모가 알지 못하는 사이에 아이가 실수든 의도적이든 부모의 카드로 게임머니를 결제하게 되는 상황이 발생할 수 있다는 점도 염두에 두셔야 합니다. 부모의 스마트폰으로 게임을 하는 아이들이 있는데요. 드물기는 하지만 이러한 경우 부모의 스마트폰에 카드 정보가 등록되어 있다면 아이는 게임을 하며 자연스럽게 게임머니를 결제하게 될 수도 있습니다.

게다가 게임머니를 어떻게 구매하는지 모르는 부모의 경우 아이에게 신용카드와 결제에 필요한 정보를 건네주는 경우도 있는데요. 이때 아이는 자신의 스마트폰에 부모의 카드 정보를 입력한 후 무분별하게 현질을 하게 될 수도 있습니다. 부모가 현질과 담을 쌓거나 게임 자체에 대한 이해가 없어 발생하게 된 실제 사례입니다. 따라서 부모의 카드를 활용해 아이가 게임머니를 결제하지 않도록 신경써주셔야 합니다.

가능하면 아이가 모은 용돈으로 현질을 하도록 하되 특별한 날 부모가 게임머니를 선물로 주고 싶다면, 선불 결제가 가능한 문화 상품권이나 기프트 카드 등을 활용하는 것을 추천해드립니다.

상담사로서 현질이 걱정되는 부분은 따로 있습니다. 바로 아이들이 사행심을 반복적으로 경험하게 될 수 있다는 점이죠.

 게임 속 상점에서는 랜덤 박스라는 것을 구매할 수 있는데요. 이는 말 그대로 게임에 필요한 용품 여러 가지가 랜덤으로 구성되어 있는 보물 상자 같은 것입니다. 구매한 박스 안에 어떤 것들이 담겨 있을지는 미리 알 수 없습니다. 운이 좋다면 지불한 게임머니 대비 가치가 높은 스킨이나 쉽게 얻을 수 없는 캐릭터 등을 한꺼번에 획득할 수도 있습니다. 현실적으로 랜덤 박스에서 원하는 것이 나올 가능성은 낮지만 아이는 확률과 가능성을 높여 잡아 한 번의 현질만으로도 좋은 아이템, 많은 게임머니, 경험치 등을 받을 것이라는 비합리적인 신념을 갖기도 합니다.

 이러한 비합리적인 신념은 랜덤 박스에서 원하는 것이 나오지 않았을 경우 이번에는 운이 나빠서 실패했지만, 다음에는 반드시 성공할 것이라는 근거 없는 기대를 갖게 하고, 계속 실패해도 언젠가는 성공할 것이기 때문에 한 번만 성공하면 그동안의 실패가 만회될 것이라고 생각하게 만들어 아이들이 현질에 맹목적으로 매달리게 되기도 합니다.

이뿐만 아니라 반복적으로 현질을 하면 캐릭터가 강력해지는 데까지 걸리는 기간을 줄일 수 있기 때문에 돈을 많이 쓰면 쓸수록 노력과 인내의 과정 없이도 쉽게 목표에 도달할 수 있다는 생각을 아이가 갖게 될 수도 있어요.

아무리 경제관념을 갖고 일정한 금액 내에서 현질을 하도록 관리하더라도 한 번에 값진 아이템을 얻을 수 있다는 사행심이 지나치게 커져 돈만 생기면 무조건 확률형 아이템을 사거나 돈만 있으면 노력하지 않아도 원하는 것을 쉽게 얻을 수 있다는 생각을 갖게 되는 등의 부작용이 발생할 수 있는 것입니다.

적당히 즐기기 위함이 아니라 과도하게 현질에 몰입하는 경우에는 아이의 마음에 또 다른 결핍이 있을 가능성이 큽니다. 이때 부모는 현질을 하게 할 것인가, 못 하게 할 것인가, 만약 하게 한다면 얼마까지 하게 해줘야 할 것인가 등을 고민할 것이 아니라 무엇 때문에 현질을 요구하는지 아이 마음 깊은 곳에 자리 잡고 있는 욕구에 관심을 가져 주서야 합니다. 그러려면 게임 공간 안에서 아이들이 어떤 경험을 하는지 들여다봐야 하겠죠.

게임을 할 때마다 같이 게임하는 사람들로부터 게임을 너무 못한다고 비난받아 강력한 아이템을 구매해 낮아진 자존감을 높이고 싶을 수도 있고, 사춘기에 접어들면서 변화되는 외모가 마음에 안 들어 자신의 캐릭터만큼은 예쁘게 꾸며 관심받고 싶을 수도 있습니다. 게임을 같이 하는 친구들은 게임을 하면서도 높은 성적을 유지하는데 자신은 그렇지 못해 게임 실력을 높여서라도 친구들보다 우월해지고 싶을 수도 있죠. 또 일상에서는 별다른 인정을 못 받고 있지만 우연히 랜덤 박스를 열었는데 생각지도 못했던 아이템을 얻어 마치 자신이 운과 능력이 남들보다 뛰어나다고 착각할 수도 있습니다.

따라서 아이가 현명하게 현질을 하도록 돕기 위해서는 현재 어떤 상황이기에 아이가 이토록 게임머니를 구매하고 싶어 하는지에 대한 맥락 파악이 반드시 병행되어야 합니다. 현질을 하게 되는 이유가 멋져지고 싶어서인지, 강해지고 싶어서인지, 적은 돈으로 값어치 있는 물건을 얻고 싶기 때문인지, 계속된 패배감에서 벗어나기 위함인지 확인하여 아이 내면에 존재하는 결핍을 메울 수 있도록 도와주셔야 해요.

더불어 현실 속 삶을 대하는 바람직한 태도를 알려주는 것도 필요합니다. 레벨을 올리고 스테이지를 넘어서는 등 게임 속 캐릭터를 성장시키는 과정에는 어느 정도의 노력과 기다림이 반드시 뒤따른다는 삶의 이치를 인지시켜주셔야 합니다. 그 과정에서 반복적인 실패는 피할 수 없음도 깨우쳐 주어야 해요. 랜덤 박스는 말 그대로 무작위로 보상이 주어지는 것이기 때문에 뽑기 전에 기도를 한다고 해서, 돈을 더 많이 쓴다고 해도 원하는 결과가 나오지 않을 수 있다는 사실도 설명해주셔야 합니다.

현질이 아이가 경제관념을 알아가는 과정이 될 수 있도록 도와주세요. 더 나아가서는 반복적으로 현질을 하는 아이 내면의 결핍을 알아차려주시고, 게임을 더 재미있게 즐기기 위해 어떻게 소비하는 것이 바람직한지를 아이가 학습할 수 있도록 이끌어주세요. 이 모든 과정은 부모가 게임 세계 밖에서 게임을 통제할 때가 아니라 게임 세계 안으로 들어가 아이의 경험을 관심있게 들여다볼 때 가능해질 것입니다.

CHAPTER 3

결국 버티는 부모가 아이를 지킵니다

문제 인식의 전환

 아이가 게임하며 사용하는 부정적인 언어와 보여주는 과격한 행동, 게임으로 인해 부모, 자녀 사이에 발생하는 갈등 등의 문제는 불과 몇 개월 안에 쉽게 개선되지 않습니다. 아이가 게임에 몰입해 있는 한 지속될 수밖에 없는 문제이지요. 앞서 게임하는 아이를 좀 더 효과적으로 돌보는 방법으로 함께 게임을 해볼 것을 권해드렸는데요. 이는 강압적인 통제와 거리가 먼 방식이기 때문에 게임을 함께 하는 것만으로 마법처럼 아이가 한순간 게임을 끊게 되지는 않습니다. 아이가 천천히 자기만의 속도로 자신의 감정과 행동을 조절할 수 있는 능력을 키워가며 삶과 게임 사이에서 균형을 잡을 수 있게 되기까지는 어느 정도 시간이 필요합니다.

특히 상담을 찾아올 정도로 이미 게임으로 인해 갈등의 골이 깊어진 가정의 경우라면, 아이가 변화되기까지 부모가 기다려 줘야 하는 기간이 더욱 길어질 수도 있을 것입니다. 이 기간이 짧게는 1~2년에서 길게는 5~6년 가까이 지속되기도 합니다. 생각보다 긴 시간 동안 문제 상황이 지속될 수 있기 때문에 중간에 부모님들께서 지쳐 포기하지 않도록 마음의 준비와 각오를 단단히 하셔야 합니다.

아이의 자기 조절력을 키워주는 것에 신경을 쓰는 것도 중요하지만, 그동안 아이를 키우며 심리적 에너지를 많이 써왔다면 여러분 자신의 지친 마음을 돌보는 작업도 병행하셔야 합니다. 그래야 아이와의 갈등이 더욱 심화되는 것을 예방할 수 있고, 힘든 순간이 왔을 때 부모가 포기하게 되는 상황도 막을 수 있습니다.

Quest
21. 부모인 저 역시 문제가 있다고요?

 제가 아무리 최선을 다해 상담을 하더라도, 그리고 아이가 자신의 변화를 위해 열심히 애를 쓰더라도 문제가 지속되는 경우가 있습니다. 이런 시점이 되면 저는 부모님께 간절히 도움을 요청합니다. 아이의 변화를 위한 조력자가 아닌, 변화의 주체가 되어 달라고 말이죠. 쉽게 말해 부모님 역시 내담자가 되어 아이처럼 상담을 받으시라고 권하는 것입니다. 부모님들은 당황하시며 대부분 비슷한 반응을 보이시곤 합니다.

 "아이한테 문제가 있는데 저보고 상담을 받으라고요?"

 부모가 잠들면 몰래 일어나서 게임을 하거나, 시간제한 프로그램을 우회하여 게임을 하는 사람은 아이인데 왜 자신이 상담을 받아야 하냐며 제 제안을 거부하는 경우가 대부분입니다. 그럼에도 불구하고 여러 차례 설득한 끝에 상담을 받게 된 부모님들은 그동안 아이를 대했던 태도의 문제점이 무엇인지, 또 내 아이에게 어떤 부정적인 편견을 가지고 있었는지 깨닫는 과정을 경험하십니다. 아이뿐만 아니라 부모 자신도 변화가 필요하다는 사실을 알고 난 후부터 부모님들은 이전과 다른 방식으로 아이를 대하기 시작합니다. 그러다 보면 꿈쩍도 하지 않던 아이의 생각과 행동이 덩달아 개선되는 주옥같은 순간을 경험하게 되죠.

앞서 아이들은 단순히 게임이 그 자체로서 자극적이거나 재미있기도 하지만 아이들 내면에 게임을 할 수밖에 없는 심리적, 발달적, 주변 환경적 이유가 있어 게임에 몰입하게 된다고 말씀드렸는데요. **이렇게 게임에 빠질 수밖에 없는 마음 상태와 주변 상황을 만드는 데 가장 큰 영향을 미치는 사람은 부모**일 가능성이 큽니다. 왜냐하면 부모는 아이의 삶에 전방위로 개입하고 있기 때문이에요.

부모가 아이의 삶에 개입하는 것이 효과적일 때도 분명히 있습니다. 하지만 부모 마음에 여유가 없을 때는 아이의 상황에 일관성 없이 개입하거나, 지나치게 감정적으로 대응하기도 합니다. 아이들은 이러한 부모의 민감한 반응을 놓치지 않고 맞대응하곤 하는데요. 때때로 부모의 단순한 잔소리로부터 시작된 말다툼이 거친 몸싸움으로 번지기도 합니다.

새벽같이 일어나 하루 종일 정신없이 일한 후, 퇴근해 현관문을 열었을 때의 상황을 상상해보시죠. 현관을 지나 거실로 들어왔을 때 거실 한구석에서 스마트폰으로 게임을 하고 있는 아이의 모습을 보면 어떤 마음이 드시나요? 출퇴근 거리가 멀고 오가는 내내 서 있기만 했는데, 집에 돌아와 보니 한 시간만 게임하고 바로 숙제를 하겠다고 약속한 아이가 숙제는 하지 않고 게임에 심취해 있다면 그 모습이 곱게 보이지 않을 것입니다.

이뿐만 아니라 만약 아침부터 식구나 가까운 지인과 사소한 것으로 말다툼을 해 기분이 상해있는 상황에서 학교에 다녀오자마자 게임을 켜는 아이를 보면 숙제는 다 하고 게임을 켜는 거냐고 짜증스럽게 말하게 될 수 있을 것입니다. 또는 며칠간 몸살에 심하게 걸렸거나, 어디를 다쳐 몸이 아픈 상태라면 아이가 평소와 같은 시간 동안 게임을 하고 있어도 유난히 게임을 더 많이 하고 있는 것 같은 불안감이 드실 수 있어요.

부모도 사람이니 몸이 힘들거나 가까운 사람과 감정적인 다툼이 있었다면 예민해질 수밖에 없습니다. 기분에 따라 아이를 대하는 태도도 당연히 일시적으로 달라질 수 있겠죠. 하지만 이러한 이유라면 부모의 상황이 해결된 이후엔 다시 평소처럼 일관성 있게 아이를 대하실 겁니다.

이와 달리 시간이 지날수록 아이가 게임하는 행동에 더욱 민감하게 반응하거나, 통제하고자 하는 마음이 커지고 아이를 향해 짜증을 내는 빈도가 잦아지거나 분노의 강도가 세지는 것 같다고 생각하는 분들 있을 것입니다. 감정이 누그러지는 순간이 오면 이렇게까지 반응할 게 아니었는데 내가 왜 이러나 싶은 생각도 들 거예요. 아이에게 심한 말을 하거나 상처 주는 행동을 한 것 같아 후회되지만, 아이가 게임하는 모습을 보면 또다시 내가 아닌 것 같은 내 모습이 튀어나오곤 할 겁니다.

이러한 모습은 부모 내면에 존재하는 다양한 요소들에 뿌리를 두고 있을 가능성이 높습니다. 여러분이 자라온 환경이나 중요하게 생각하는 가치, 무의식적인 욕구 등이 대표적이죠. 이는 현상을 해석하는 틀이 되어 아이가 부모의 기대와 다른 행동을 반복할 때마다 부모 내면에 감춰진 불안감이나 결핍감을 자극

합니다. 그 결과, 자신도 모르는 사이 아이의 행동에 과도하게 반응하거나, 지나치게 통제하려는 태도로 부모 자신의 감정이 드러나는 것입니다.

만약 여러분이 엄격한 부모의 통제하에 공부를 열심히 해야 하는 환경에서 자라왔다면, 아이가 게임에 몰입해 있는 모습을 못마땅한 시선으로 바라볼 수 있습니다. 학생으로서의 본분을 지키는 것이 무엇보다 중요하다고 생각하는 부모라면 자신의 가치관이 위협받는다고 느껴 아이가 늦게 잠을 자거나 공부를 하지 않으면서까지 게임을 할 때마다 잔소리를 할 수도 있겠죠. 우리 아이만큼은 나처럼 공부와 담을 쌓지 않고, 공부를 잘해서 좋은 대학도 가고, 안정적인 직장에도 취직했으면 하는 무의식적 욕구가 있는 부모라면 게임을 못 하도록 스마트폰을 뺏을 수도 있을 것입니다.

여기서 한 걸음 더 나아가보겠습니다. 투사라는 심리학적 용어를 들어보셨나요? 사람은 타인과의 갈등 상황에서 문제의 원인을 자기 자신에게서 찾기보다 타인에게 돌리는 경향이 있습니다. 심리학에서는 이러한 무의식적인 방어 작용을 '투사'라고 부릅니다. 자신의 결함이나 불편한 감정을 인정함으로써 생길 수 있는 심리적 상처를 줄여주는 내면의 보호 장치 정도로 생각하시면 될 것 같습니다. 투사는 이러한 상처로부터 자신을 지키는 데 도움이 되지만, 그 과정에서 문제의 원인을 외부로 돌리며 자기 성찰을 방해하기도 합니다. 게임을 하는 아이의 모습이 단지 '문제 행동'으로만 느껴지는 이유도, 어쩌면 부모의 무의식 속 결핍감과 불안을 아이에게 투사하고 있기 때문일 수 있습니다.

아이가 게임을 스스로 끌 수 있게 최대한 기다려주거나 화내지 않고 잘 타이르려고 마음먹더라도 게임 시간을 또다시 어기거나 부드럽게 건넨 말에 거칠게 받아치는 아이를 보면 욱하는 마음이 올라올 수 있습니다. 욱하는 마음을 참으려고 굳게 마음먹고 다짐을 해봐도 아이의 행동에 자동적으로 반응하게 되거나, 내 마음을 나의 의지로 통제하는 데에 어려움이 따른다고 느껴진다면 그때가 바로 외부의 탓을 멈추고 부모 내면을 들여다봐야 할 순간입니다.

부모라면 모두 그렇게 반응하지 않겠냐고 생각하실 수 있겠지만 그러한 투사를 넘어, 내 안에 어떤 요인들이 아이를 힘들게 하고 있는지 확인하셔야 지속되는 갈등의 악순환을 끊을 수 있습니다.

 아이에게 잔소리를 하거나 화를 내고 눈치를 주는 횟수가 잦아지면 아이는 자신의 잘못이 무엇인지 돌아보려고 하기보다는 자신의 행동을 못마땅해하는 부모의 부정적인 감정부터 인식하게 됩니다. '우리 부모님은 나를 싫어한다, 짜증이 많다, 나를 이해해주지 못한다'라는 생각이 쌓이게 되면 아이는 스트레스를 풀기 위해 게임을 더 깊고 오래 하게 될 수도 있습니다. 또한 부모가 보는 앞에서 게임을 하면 그들이 어떻게 반응할지 예상되기 때문에 부모가 잠을 잘 때 몰래 일어나 PC를 켤 수도 있겠죠. 친구 집에 놀러 간다는 거짓말을 하고 PC방에 가거나, 대충 해치우듯 숙제를 해놓고 게임을 하게 될 수도 있습니다.

 화나 짜증이 섞인 부모의 말과 행동엔 분명 '아이가 일찍 자고 제때 일어나서 건강하게 자랐으면', '공부도 잘해서 훗날 공부 때문에 발목 잡히지 않았으면', '과격한 성질을 좀 다스려서 친구들과 원만하게 지낼 수 있었으면' 하는 바람의 메시지가 담겨 있을 것입니다. 그러나 혼내거나 짜증이 섞인 잔소리의 방식을 지속하는 상황에서는 부모의 진실된 마음이 있는 그대로 아이에게 가 닿지 못합니다.

게임하는 아이들은 한 달, 두 달만 하고 게임을 멈추지 않습니다. 길게는 청소년기가 끝날 때까지 게임에 빠져있기도 해요. 이는 최악의 경우 부모와 아이가 불만스러운 태도로 서로를 대하는 기간이 청소년기 내내 이어질 수도 있다는 의미이기도 합니다.

부모의 행동에 맞받아치거나 자기를 이해해달라고 부모를 설득해도 상황이 나아지지 않는다면 아이는 부모와 대화로 이 상황을 해결하려고 하기보다는, 부모의 말을 무시하거나 방으로 들어가 게임에 더욱 몰입하는 방식으로 마음의 문을 닫아버리게 될 것입니다.

이제부터는 아이를 변화시키기 위해 부모 스스로가 어떻게 달라지면 좋을지에 관심을 가져보시죠. 게임하는 아이에게만 맞춰져 있던 초점을 이제부터 아이의 행동을 해석하는 주체인 여러분 자신에게로 옮겨보면 좋겠습니다.

22. 부모의 무의식엔 무엇이 존재하고 있을까요?

 아이가 의식적으로 멈추려고 노력해도 게임을 지속할 수밖에 없는 내면에 다양한 이유들이 있듯, 부모 역시 아무리 다짐을 해봐도 잔소리와 부정적 감정이 뒤섞인 행동이 자동적으로 튀어나오는 이유가 있습니다. 바로 부모 자신의 욕구 때문입니다. 욕구란 결핍된 부분을 채우기 위한 무의식적인 심리 상태를 말합니다.

 과연 무의식이 무엇이기에, 부모의 다짐과 노력만으로 욕구를 조절하기 어려운 걸까요?
 정신분석학을 창시한 지그문트 프로이트(1856~1939)에 따르면 **정신은 의식, 전의식, 무의식 3개의 수준으로 구분**할 수 있습니다. 그는 복잡할 수 있는 정신의 구조를 이해하기 쉽게 빙산에 빗대어 설명했습니다.

 잘 아시다시피 우리가 일반적으로 확인할 수 있는 빙산은 수면의 아래까지 이어져 있습니다. 수면 위에 있는 부분보다 아랫부분이 부분이 훨씬 크기 때문에 우리 눈으로 확인되는 빙산을 가리켜 빙산의 일각이라고도 표현하죠.

 정신 역시 우리가 쉽게 발견하고 인지할 수 있는 영역과 발견하기 어려운 영역으로 나누어져 있습니다. 수면 위 빙산의 일각처럼 현재 내가 가볍게 인식할 수 있는 생각과 감지할 수 있는 느낌 등을 의식이라고 합니다. 화가 나는 감정이나 '도대체 숙제는 언제 하려고 이렇게 게임만 하는 걸까?' 하는 평소의 생각 등이 의식 수준에서 일어나는 정신적 작동입니다.

 빙산의 수면 아랫부분은 수면과 가까워 가벼운 잠수 정도로 볼 수 있는 부분과 너무 깊어서 어떤 모양인지조차 알기 어려운 부분으로 나누어져 있습니다. 전자의 부분과 같이 우리 정신세계에는 당장 발견하긴 어려워도 노력을 기울이면 알아챌 수 있는 생각과 감정, 기억 등이 있는데요. 이를 가리켜 전의식이라고 합니다.

아무리 잠수를 깊이 하더라도 모든 형태를 확인하기 힘든 빙산의 가장 아랫부분처럼 전의식보다 더 깊은 곳에 위치해 어떠한 것들이 존재하는지 파악하기 힘든 영역은 무의식이라고 하죠. 여기에는 생각, 감정, 기억뿐 아니라 억압된 욕구도 자리 잡고 있습니다.

심리적으로 결핍된 부분을 여러 가지 이유로 충분히 해소하지 못한 채 그대로 내면에 담아 둘 경우 이는 부족한 부분을 메우려는 '욕구'가 되어 무의식 공간에 저장되는데요. 이렇게 저장된 욕구는 무의식에 가만히 머물러 있지 않고 또 다른 생각, 감정과 뒤섞여 그 결핍을 해소하기 위해 본인이 인식하지 못하는 사이 다양한 행동과 언어로 표현되곤 합니다.

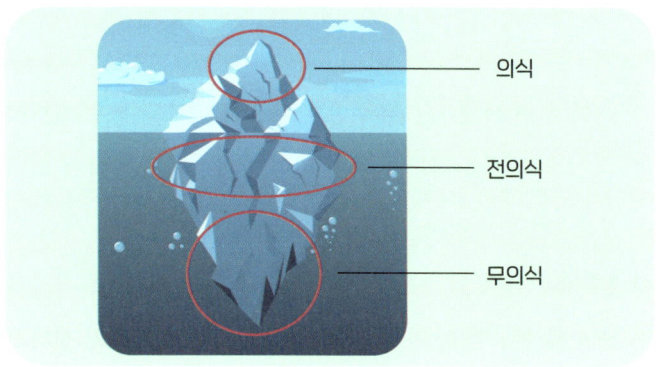

정신의 구조

그럼 아이가 게임에 빠져 있을 때, 부모 내면에서는 어떤 심리적 작용이 일어나고 있을까요? 복잡한 정신 구조를 조금 단순화시켜 예를 들어보겠습니다.

 숙제도 하지 않고 친구들과 대화하며 컴퓨터 게임을 하는 아이에게 "게임 좀 그만해."라고 했다면, 이는 빙산의 일각에 해당하는 의식 수준에서 게임이 문제라고 판단했기 때문일 것입니다. 그런데 게임을 못 하게 해야겠다는 의식 수준의 판단 아래에는 그런 생각을 만들어내는 전의식 단계의 생각과 감정이 존재합니다. 즉시 떠오르지는 않지만, 곰곰이 탐색해보면 아이가 게임만 할 경우 결국 공부를 등한시하게 돼 수학의 기초가 부족해진다거나 책을 읽지 않아 문해력이 떨어지게 될 것이라는 생각과 불안한 감정을 발견할 수 있을 것입니다.

 여기서 끝이 아닙니다. 더 깊은 수준에는 아이가 공부를 못해 부모 자신처럼 힘들게 살지 않기를 바라는 마음이 무의식에 자리 잡고 있을 가능성이 있습니다. 만약 부모 자신이 학창 시절에 공부를 열심히 해보고 싶었지만 가정 형편이 어려워 제대로 된 지원을 받지 못해 원하는 대학에 가지 못했다면 이런 결핍으로 인한 열등감과 충분히 공부하지 못한 현재의 삶이 만족스럽지 않다는 생각이 내면의 아주 깊숙한 곳에서 나에게 영향을 미치고 있을 수 있어요. 나는 이미 늦었지만 우리 아이만큼은 공부를 잘하는 아이로 성장해 내 결핍을 채워주기 바라는 대리만족의 욕구를 해소하기 위한 방식으로 말이죠.

 또 다른 예를 들어볼까요? 외벌이 가정의 경우 게임하는 아이를 보며 애가 타는 사람은 홀로 아이를 돌보며 게임과 전쟁을 치르고 있는 분일 것입니다. 특히 직장 생활이 너무 바쁘고 힘들어 배우자가 가정에 신경을 못 쓰는 상황이라면 게임이 아이의 삶을 망칠까 봐 더욱 걱정하고 전전긍긍할 수 있어요.

 이런 상황에서 아이에게 게임을 하지 못하게 해야겠다는 부모의 판단 아래에는, 우리 집에서 나 혼자만 고생하고 있다는 전의식 수준의 생각이 존재하고 있을 수 있습니다. 그리고 그 밑에는 아무도 나를 도와주지 않아 외롭다는 마음이 뿌리내리고 있을 가능성이 있죠. 이는 오랜 기간 동안 가정에서 관심과 이해, 존중 등이 결핍되어 만들어진 감정일 수 있습니다. 무의식에 저장된 외로운 감정은 외로움이라는 결핍을 만들어내는 상황을 없애기 위한 무의식적 행동으로 이어질 수 있습니다. 아이가 게임을 하지 않도록 통제하는 말과 행동을 자동적이고 반복적으로 하면서 말이죠.

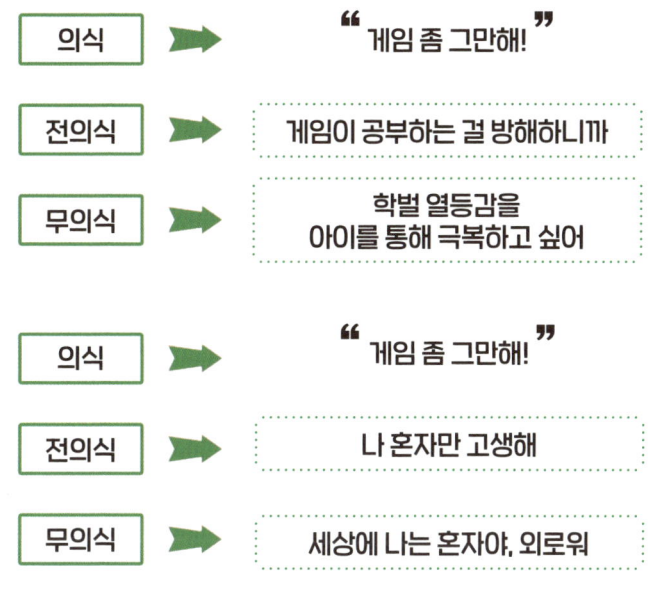

평서 구모의 예시

이렇듯 인간의 내면은 서로 복잡하게 얽혀있습니다. 하나의 행동에도 다양한 생각, 감정, 욕구 등이 복합적으로 영향을 미치죠. 그러니 여러분이 쉽게 확인할 수 있는 의식 수준에서의 생각은 더 깊숙한 곳에 자리 잡은 또 다른 생각과 감정, 특히 미충족된 무의식적 욕구와 연결되어 있다는 사실만큼은 꼭 기억해두셨으면 좋겠습니다.

사랑하는 아이에게 화부터 내지 않으려고 아무리 심호흡을 해봐도, 또 밤마다 자녀 교육을 주제로 한 유튜브 방송이나 마음을 다스리는 강연 프로그램 등을 시청해봐도 아이가 게임하는 모습을 볼 때마다 여러분 자신의 말과 행동을 조절하기 어렵다면 이제부터 무의식이 하는 말에 귀를 기울여 보세요.

무의식이 무슨 말을 하는지 듣기 위해서는 **아이에게 집중되어 있던 관심을 나 자신에게로 옮겨와야 합니다.** 평소라면 '우리 아이는 왜 시간 약속을 못 지킬까?', '게임할 때 욕하는 습관을 어떻게 없앨 수 있을까?', '게임보다 숙제를 먼저 하게 하려면 어떻게 해야 할까?'와 같은 질문이 떠오르셨을 거예요. 그렇다면 이제부터는 게임하는 아이에게 머물던 초점을 나에게로 가져와 '아이가 시간 약속을 어길 때마다 내가 화를 못 참는 이유는 뭘까?', '아이가 무시하는 걸 알면서도 나는 왜 잔소리를 하게 될까?', '아이가 게임하는 모습을 지켜보면 나는 왜 불안할까?'와 같이 스스로에게 질문을 던져보는 것입니다. 처음에는 어렵겠지만 반복해 연습하다 보면 분명 무의식의 세계로 들어가는 문을 여는 데 도움이 될 것입니다.

빙산 가장 아래의 모양이 어떻게 생겼는지 알기 어렵듯, 무의식은 쉽게 정체를 드러내지 않습니다. 평소에 자아 성찰을 많이 하는 사람이라 하더라도 무의식에 무엇이 들어 있는지 알아차리기란 매우 어렵습니다. 그만큼 무의식을 살펴본다는 건 어려운 작업입니다. 명상을 하거나 °꿈 내용을 분석하고 심리상담을 받는 것이 도움은 되겠지만 이러한 행위의 밑바탕에는 스스로에게 질문을 던지는 깊은 자기 탐색의 과정이 반드시 존재해야 합니다.

나 자신에게 관심을 기울이다 보면 아이에 대한 원망, 답답함, 체념, 속상함 등으로 꽉 차 있던 여러분의 마음에도 조금씩 틈이 생길 거예요. 그 틈 사이로 우리 아이는 아직 자라나는 중이라 발달 단계상 미숙함이 많을 수 있다는 깨달음, 아이에겐 참조할 만한 모델이 없기 때문에 부모가 같이 게임을 해줘야 한다는 의지, 아이가 친구들과 게임을 할 때는 약속 시간을 다소 넘기더라도 이해해줘야겠다는 너그러움 등이 자라날 것입니다.

내가 통제할 수 있는 대상은 오직 나 자신입니다. 아이를 통제하기 위해 온갖 애를 다 써 봐도 잘 안됐던 경험을 해본 분은

이 말을 공감하실 것입니다. 이제부터라도 아이에게 쏟았던 관심과 에너지의 일부를 여러분의 내면을 살펴보는 데 사용해보는 건 어떨까요?

> **용어 상점**
>
> **·꿈 분석**
> 지그문트 프로이트에 의해 체계화된 방법으로 꿈을 해석함으로써 무의식 속 갈등과 억압된 욕구를 의식화하는 정신분석적 기법

Quest
23. 내 마음에 안 드는 아이, 정말 문제일까요?

 에릭 에릭슨(1902~1994)에 따르면 아이들이 자라나는 동안 부모의 심리와 성격도 지속적으로 변화하고 있다고 합니다. 사회적 맥락에서의 부모는 무언가를 생산해내는 역할을 하는데요. 이 역할을 어떻게 수행하느냐에 따라 부모의 심리와 성격이 달라질 수 있습니다.

 구체적으로 말하자면 생산의 의미는 유·무형의 재화를 만들어내는 것뿐만 아니라 가족을 부양하거나 보살피고, 자신의 경험 또는 학습한 내용을 자녀에게 가르치며 아이가 성숙한 어른이 될 수 있도록 노력하는 것을 포함합니다. 또한 자신의 능력과 시간, 재산을 사회와 나누며 현재뿐만이 아니라 미래의 사회가 한층 나아질 수 있도록 공헌하는 행위도 담고 있죠.

생산이라는 과업이 매우 중요한 이 시기의 부모는 자신이 생산해낸 것이 없거나 혹은 생산해낸 결과가 마음에 들지 않는다면 우울한 감정, 어떻게 해도 문제가 해결되지 않을 것 같다는 무기력감, 상황을 바꾸려 하기보다는 포기하게 되는 체념 등의 침체감을 경험하게 됩니다. 또한 침체감에 빠져있는 기간이 길어질수록 타인을 배려하기보다 생각과 감정의 중심이 자신에게 집중되어 자기중심적인 성격이 만들어질 수 있습니다.

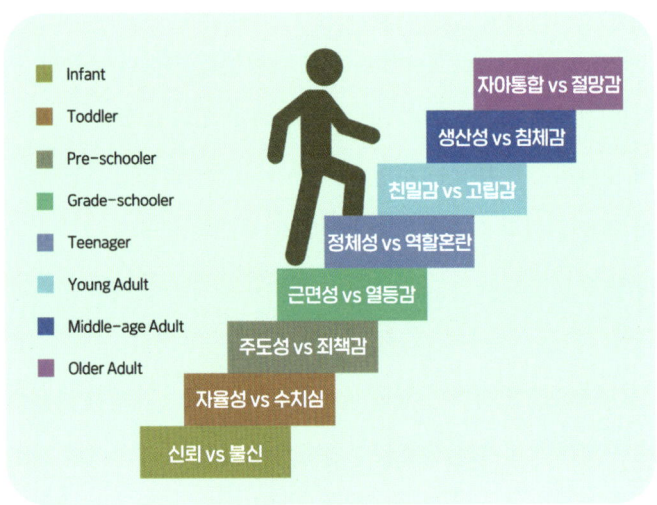

에릭슨의 심리사회적 발달 단계

책을 읽고 있는 많은 부모님들이 현재 심혈을 기울여 무언가를 생산하고 있는 주된 이유는 우리 아이가 몸과 마음이 건강한 상태로 학생으로서의 본분을 다하며 성장하도록 직·간접적으로 돕기 위함일 것입니다. 여러분께서 현재 사회적으로 명예를 얻고 돈을 많이 벌어 성공하기 위해, 또는 다른 사람들에게 재능을 나누어 더 좋은 사회를 만들기 위해 노력하고 있더라도 그 중심에는 우리 아이가 좋은 환경에서 모자람 없이 자랄 수 있도록 하려는 목적이 자리 잡고 있을 거예요.

 새벽같이 일어나 밤늦게 들어오고 주말에도 출근해야 하는 삶이지만, 아이가 부족함 없이 크도록 자신의 자유를 반납해가며 묵묵히 일을 해오셨을 것입니다. 독박 육아를 하며 힘들게 아이를 키워오거나 아이를 위해 자신의 미래를 포기하며 경력 단절도 마다하지 않고 양육에 전념해온 분도 있겠죠.

 그렇게 자신의 삶을 바쳐 아이 키우는 일에 전념을 다 하며 살아왔는데 생산의 주목적이었던 우리 아이가 공부는 뒷전으로 미루고 게임만 해서 성적이 점점 떨어지고 있다면, 시간 약속을 어겨 게임 좀 그만하라고 하면 화를 내며 무섭게 소리를 지른다면, 유일하게 모두 함께 마주 볼 수 있는 저녁 식사 자리에서마

저도 스마트폰을 쳐다보며 게임 세계 안에만 머물고 있다면, 그 누가 우울하지 않을 수 있겠어요?

 게임을 멈출 줄 모르는 아이에게 끊임없이 잔소리를 하고 있는 자신의 모습을 보며 당황스러웠던 적 있으실 거예요. 아이가 게임을 하느라 공부를 등한시한다고 느껴질 때마다 욱하고 올라온 화를 주체하기 어려워 성격이 이상해졌다고 생각한 적도 있을 것입니다. 심리 사회적 발달 단계를 고려했을 때 이렇게 부모가 아이에게 반복적으로 잔소리를 하거나 화를 내는 행위는 생산자로서의 역할을 충실히 수행하여 침체감에 빠지지 않도록 현재의 문제 상황을 변화시키려는 자연스러운 반응이라고도 볼 수 있습니다. 그렇지만 아무리 발버둥을 쳐도 아이의 문제가 유지되기는커녕 오히려 심화되어 가고 있다면 현재의 상황은 절대 나아지지 않을 것이라는 무기력감에 빠질 수밖에 없을 것입니다.

'내가 부족해서 아이를 잘못 키웠구나.'

 아이를 바로잡기 위해 이 방법, 저 방법 모두 써가며 열심히 노력했는데 결국 게임에 빠져 헤어 나오지 못하는 아이를 보고 있으면 부모 자신의 능력이 부족해 상황이 이렇게까지 되었다고 생각할 수 있습니다. '만약 아이의 요구에 흔들리지 않을 수 있는 단호함이 있었다면', '육아에 대한 전문 지식이 많아 아이가 게임에 빠지지 않을 수 있도록 체계적으로 키웠더라면', '내가 좀 더 힘들더라도 스마트폰만큼은 보여주지 말걸' 하는 자책을 하다 보면 우울감과 무기력감은 점점 극대화가 됩니다. 또한 '지금까지 무얼 위해 이런 노력을 해온 것인가?'하는 생각에서 비롯된 허무하고 허탈한 감정이 뒤따르기도 하죠.

이처럼 많은 분들이 현재 상황의 원인을 자기 자신의 부족한 부분에서 찾기도 하는데요. 이때 자신을 보호하기 위한 심리적 과정으로서 투사가 작동한다면 '부모가 이렇게 열심히 너를 위해 살고 있는데 너는 도대체 뭐 하는 것이냐?'라며 문제의 원인을 모조리 아이의 탓으로 돌리게 될 수도 있습니다. 이는 결국 게임으로 인한 불만을 넘어 아이가 부모를 대하는 태도, 학생으로서 삶을 살아가는 방식, 아이가 갖고 있는 미래에 대한 생각 등 아이 자체에 대한 불만으로 확대될 수 있습니다.

이제부터라도 여러분이 아이를 키워온 과정 전체와 아이가 게임에 몰입하고 있는 현재의 상황을 분리시켜보세요. 아이를 돌봐온 과정과 현재의 상황을 연결지어 생각하게 되면 그동안 부모 자신이 아이를 키우며 쏟았던 에너지, 시간, 감정 등이 모두 의미 없는 것처럼 느껴지기 쉽습니다.

누구나 아이를 키우는 일은 처음이기에 시행착오를 겪을 수밖에 없습니다. 심리상담과 이와 관련한 공부를 오랫동안 해온 저 역시도 아이들을 키우며 아이에게 미안함을 느끼거나 자책했던 날들이 수없이 많습니다. 현실에서 아이를 키우는 일은 이론대로 되지 않는 경우가 무수히 많기 때문에 부모 마음대로 아이가 따라주지 않는 것은 당연하다는 생각도 듭니다.

여러분은 그 누구보다 아이의 건강과 행복을 위해 살아오셨을 것입니다. 아이가 아파하면 같이 아파하고, 아이가 기뻐하면 그 누구보다 더 많이 기뻐하셨을 거예요. 아이가 지금 어떤 모습으로 게임을 하고 있든, 여러분이 아이에게 썼던 시간과 노력, 그리고 아이에게 전해주었던 사랑의 마음은 사라지지 않습니다.

여러분이 부모로서 최선을 다해 아이를 키워온 과정은 결과와 상관없이 그 자체만으로도 칭찬받아야 할 일입니다. 몸과 마음을 다해 부모의 역할을 다하며 살아온 나 자신을 인정해주고 토

닥여주세요. 부모 말을 고분고분 잘 듣는 아이의 행동을 확인함으로써가 아니라 열심히 살아온 자신을 스스로 보듬어주어야 비로소 여러분 마음에 여유가 만들어질 수 있습니다. 마음의 여유를 찾게 되면 그동안은 받아들이기 힘들었던 아이의 행동이 조금씩 이해될 거예요. 또한 게임으로 인한 지난한 과정을 이어갈 때 지치지 않고 버틸 수 있는 심리적 에너지도 생겨날 것입니다.

LEVEL 6
역할 재확인

"지금이 가장 힘든 순간이니 잘 버티셔야 합니다."

아이가 게임에 빠져 걱정하고 있는 부모님들을 상담하거나 강연 장소에서 만나게 되면 반드시 해드리는 말입니다. 변화를 위한 방법들을 몇 번이고 시도해보았지만 달라지는 게 없을 경우 그동안 부여잡고 있었던 희망의 끈을 놓아버리고 싶은 마음이 들 수밖에 없기 때문입니다.

부모 입장에서 오죽하면 체념하거나 포기하려는 마음이 들까 싶으면서도, 심리적 결핍을 메워가며 마침내 스스로의 행동을 잘 조절하게 되기까지 부모의 도움이 절실하게 필요한 아이들의 입장을 생각하면 부모님들이 이 시기를 잘 버텨내주기를 바라는 마음이 듭니다.

 하루하루 어려운 날들을 보내고 있는 여러분께 오랜 기간 아이들을 만나 왔던 제 경험과 신뢰도 높은 통계 결과를 바탕으로 이것 하나는 분명하게 말씀드릴 수 있습니다. 아이는 나이를 먹어가면서 점차 게임을 멀리할 것입니다.

 제 말을 선뜻 믿기 어려우실 거예요. 우리 아이는 보통 아이들과 다르다고 생각해 성인이 되어서도 지금처럼 게임을 하고 있을 것 같아 불안하실 것입니다. 하지만 여러분의 생각과 달리 또래들과 비슷한 평범한 아이일 수 있습니다.
 여러 번 강조하고 있지만 게임에 몰입하고 있는 아이가 자신의 행동을 잘 조절할 수 있게 되고, 엉켜있던 부모와의 관계를 회복하는 데 역할을 할 수 있는 사람은 여러분입니다. 포기하지 않고 버티다 보면 어느 순간 힘든 이 시기도 지나가 있을 것입니다.

24. 시간이 약이라는 말, 이제는 믿고 싶어요

 10년 전에 민준이를 처음 만났습니다. 중학교 2학년 학생인 민준이는 학원, 숙제, 식사, 수면 모두 뒤로 미뤄가며 리그오브레전드를 하는 친구였어요. 학교가 끝나면 친구들과 PC방에 가서 게임을 하고, 집에 와서도 시간이 맞는 친구들과 게임을 했습니다. 리그오브레전드 경기가 있는 날에는 꼬박꼬박 게임 방송을 챙겨봤고, 자기 전에는 유튜브에서 게임 영상을 보다가 잠들곤 했죠.

 저는 민준이가 고등학교 2학년이 될 때까지 만났는데요. 신기하게도 그렇게 게임을 좋아하던 아이가 고등학교에 올라가고 나니 점점 게임하는 횟수를 줄여나갔습니다. 매일 하던 게임을 주말 포함해서 3~4일 정도만 하더니 어느 순간부터는 주말에만

2~3시간 정도 게임을 하고는 더 이상 안 하더라고요.

이후 민준이가 20대 중반이 되었을 무렵 전화 통화를 한 적이 있습니다. 문득 궁금해져서 혹시 아직도 게임을 하는지 물어봤는데요. 민준이는 웃으며 "쌤. 저 이제 게임이 재미없어서 안 해요."라고 답하더군요. 10년 전이었다면 민준이의 입에서 게임이 재미없다는 말이 나올 것이라는 상상은 결코 할 수 없었을 것입니다. 삶의 목적이 게임이었고 부모님과 심하게 다투면서까지도 게임을 결코 포기하지 않던 아이였기 때문이죠.

그동안 제가 만나 왔던 게임하는 아이들을 떠올려보면 대부분의 아이들이 시간이 흐르면서 점차 게임과 거리를 두었습니다. 뻔한 소리 같이 들리겠지만 게임에 빠져 있는 아이들에게는 시간도 약이 될 수 있습니다. 기다림이 필요하다는 이야기입니다.

저의 경험담만으로는 여러분의 생각이 쉽게 변화되지 않을 수 있으니 믿을 수 있는 통계 자료를 하나 소개해드리려고 합니다.

이 그래프는 2024년에 한국콘텐츠진흥원에 실시한 °아동·청소년 게임 행동 종합 실태조사 결과 중 하나로 아이들이 얼마나 자주 게임을 하는지 보여주고 있습니다.

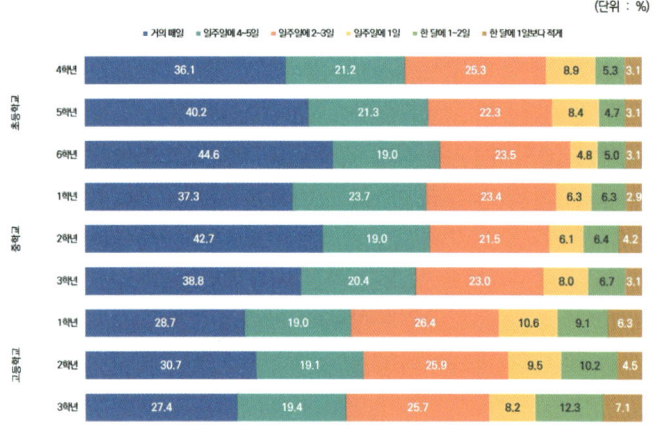

게임 사용 빈도

파란색으로 표시되어 있는 부분은 게임을 '거의 매일 한다.'라고 응답한 학생들의 비율입니다. 초등학교 4학년 응답자 중 약 36%가 게임을 '거의 매일 한다.'라고 답했는데요. 학년이 높을수록 그 비율이 점점 증가하여 초등학교 6학년이 되면 응답률이 약 45%로 가장 높은 수준에 도달합니다. 그러나 연령이 더 높아질수록 게임을 '거의 매일 한다.'라고 응답한 비율은 점점 감소하고, 게임을 보다 '드물게 한다.'라는 응답자의 비율이 점차 증가하는 경향을 보입니다.

 2024년 조사 결과만 이러한 경향성을 보이는 것은 아닙니다. 과거 조사 결과들에서도 비율만 조금 상이할 뿐 유사한 패턴이 반복적으로 나타났습니다. 과거 10년간의 조사 결과를 보면, 게임을 '거의 매일 한다.'라고 응답한 학생 중 초등학교 6학년의 비율이 가장 높았고, 연령이 높아질수록 '매일'보다는 '일주일에 몇 번', '한 달에 몇 번'에 응답한 학생들의 비율이 점차 증가하는 추세를 보였습니다.

 물론 이 조사가 동일한 아이의 변화 양상을 추적한 °코호트 연구는 아니기 때문에, 아이가 성장하면서 게임하는 빈도가 줄어든다고 단정할 수는 없습니다. 하지만 여러 해에 걸쳐 유사한 결과가 반복적으로 나타났다는 점에서, 연령대가 높아질수록 게임 사용 빈도가 낮아지는 경향이 있다고 조심스럽게 추측해볼 수 있습니다.

 물론, 현실에서 부모님들이 체감하는 부분은 이 조사의 결과와 조금 다를 것입니다. 아이가 중학생이 되었다고 해서 초등학생 때와 비교해 게임을 덜 한다고 느끼지 못하는 부모님들이 많은 것 같더라고요. 오히려 더 하는 것 같다고 느끼시는 분도 계십니다. 중학생 시기는 시험을 보며 성적을 관리해야 하고 진로를 탐색해 미래를 준비해야 하는 시기이기 때문에 게임하는 횟수가 크게 줄어들지 않는다면 변화로서 체감하기 어려운 것이죠.

그럼에도 불구하고 분명한 건 시간이 지날수록 아이는 작게나마 조금씩 변화한다는 점입니다. 아이들의 신체나 심리 상태뿐만 아니라, 관심사도 커가면서 모두 달라집니다. 그리고 그들 주변의 친구도 바뀌죠. 이렇게 아이의 모든 것이 서서히 변화하는 과정에서는 아이들이 게임을 켜는 횟수 역시 필연적으로 줄어들 수밖에 없습니다. 당장은 여러분의 기준과 기대에 못 미치더라도 조금씩 나아지고 있는 아이들의 모습에 관심을 가져 주셨으면 좋겠습니다.

혹시 초등학교 저학년의 아이를 키우는 부모님들께서 이 책을 읽고 계신다면 아이는 게임을 지금보다 점점 더 자주 할 가능성이 크니 게임을 켜는 빈도가 잦아지더라도 너무 심각하게 반응하지 않으셨으면 좋겠습니다. 다만 불안하고 걱정되더라도 언젠가는 게임을 적게 하는 날이 올 것이라는 희망을 잃지 않으시길 바랍니다. 또 게임을 가장 자주 하는 초등학교 6학년 아이를 키우는 분이라면 그동안 고생 많으셨다고 말씀드리고 싶어요. 눈에 띄는 정도는 아닐지라도 아이는 점차 게임을 줄여갈 것입니다.

아이는 중학생이 되어도 여전히 게임을 할 것입니다. 그렇지만 매년 게임하는 횟수가 줄어드는 것을 몸소 확인할 수 있을 거예요. 중학생을 지나 고등학생이 된 아이는 과거에 비해 게임을 적게 하고는 있지만 게임이 사라진 빈자리를 무엇으로 채워야 할지 몰라 허무함과 공허함을 느낄 수 있습니다. 이 시기의 자녀를 키우는 부모님께서는 아이가 재미있어서라기보다 헛헛한 마음을 달래기 위해 게임을 하고 있을 수 있으니 게임으로 인해 막혀 있던 대화의 물꼬를 터 아이와의 관계를 재설정해보시면 좋을 것 같습니다.

어떠한 상황에 있든 이렇게 한번 생각해보세요.

'부모가 싫어하는 행동을 의도적으로 하는 아이는 없다.'

부모의 성에는 안 차겠지만 아이들은 나름대로 노력하고 있습니다. 노력했기 때문에 그 정도일 수 있습니다. 아이가 지금 보여주는 모습이 노력의 결과라고 생각하게 된다면 아이의 행동이 다르게 보일 것입니다. 만약 주말에만 게임을 하기로 약속했는데 평일에 몰래 게임을 한 것을 알게 되더라도 또 약속을 어겼다고 생각하기보다 평소라면 일주일 내내 게임만 했을 아이가 부모와의 약속을 지키기 위해 하루만 더 했다고 생각해보는 것입니다. 그렇게 버텨봅시다.

용어 상점

· 아동·청소년 게임 행동 종합 실태조사
적응적 게임 이용을 하는 아동·청소년과 문제적 게임 이용을 하는 아동·청소년을 구분하여 그 특성을 살펴보려는 목적으로 해마다 실시되고 있는 조사입니다. 조사 결과는 아동·청소년의 게임 행동 관련 정책 수립을 위한 기초 자료로도 활용되고 있을 정도로 신뢰도가 높다고 할 수 있습니다.

· 코호트 연구
특정 집단을 지속적으로 추적 관찰하면서 그들의 변화나 결과를 알아보는 연구 방식

Quest
25. 별나 보여도, 평범한 아이랍니다

상담을 하다 보면 이런 질문은 꼭 받습니다. "우리 아이가 평균보다 게임을 많이 하는 걸까요?" 아이가 적은 시간 동안 게임을 한다면 이 질문에 답변을 하기 수월하지만, 과도하게 많은 시간 동안 게임을 하고 있는 아이의 경우에는 어떻게 말해드려야 할지 몰라 많이 난감하기도 합니다.

게임하는 아이들을 만나 물어보면 30분도 채 하지 않는 아이부터 8시간 이상 플레이하는 아이까지 아이들의 하루 평균 게임 시간은 다양합니다. 물론 전체를 대변하는 수치는 아니겠지만, 그럼에도 불구하고 제가 만나는 아이들의 수가 적지 않다 보니 나이대별로 평균 몇 시간 정도 게임을 하는지 어림잡아 파악하고 있습니다. 이뿐만 아니라 앞서 소개해드린 아동·청소년 게임 행동 종합 실태조사 결과를 통해서도 매년 변화하는 아이들의 평균 게임 사용 시간을 확인하며 상담하고 있죠.

 반면 부모님들은 매일 보는 우리 아이 말고 다른 아이들은 얼마나 게임을 하고 있는지 잘 알지 못합니다. 부모의 통제를 잘 따르지 않고 반복적으로 오랜 시간 동안 게임을 하는 아이와 생활하다 보면, 자연스럽게 우리 아이보다 게임을 자주 그리고 오랫동안 하는 아이는 거의 없을 것이라고 생각하게 될 거예요. 혹여 다른 아이들이랑 함께 게임을 하더라도 유독 우리 아이만 끄는 것을 어려워해 문제가 있는 것은 아닌지 걱정스러울 수 있습니다. 아마 시간이 지나면 아이가 지금보다 게임에 더 몰입할 것 같다는 생각, 게임에 빠져 성적이 점점 떨어질지도 모른다는 생각, 여기저기에서 들려오는 말처럼 아이와의 관계가 안 좋아질 것 같다는 생각 등이 머릿속을 지배하게 되기 때문일 것입니다.

 물론 또래와 비교하여 우리 아이가 게임을 어느 정도 하는지 알게 되면, 아이의 문제가 심각하다는 부모 자신의 판단이 옳았음을 확인할 수 있을 것이라고 기대하실 거예요. 또는 과도하게 걱정하며 아이를 통제하려 했던 마음을 억누르고 안심하게 될 것이라고 생각하실 수도 있겠죠.

하지만 실제로 아이의 게임 시간이 또래와 비교해 어느 정도 수준인지 말씀드리면 부모님들의 반응은 비슷했습니다. 아이가 게임을 또래보다 더 많이 하거나, 적게 하는 것과는 별개로 계속 불안감을 느끼시거나, 크게 안심하지는 않았어요.

이러한 이유로 저는 어느 순간부터 상담을 하며 평균 게임 시간이 만들어내는 함정에서 벗어나려고 더 애썼습니다. 평균보다 더 많은 시간 동안 게임을 하는 아이를 보며 아이의 문제를 과대평가하지 않기 위해, 반대로 게임을 적게 하는 아이의 문제를 소홀하게 생각하지 않기 위해서 게임 시간 보다는 문제의 본질에 집중하려고 노력했습니다.

요즘 아이들이 평균적으로 얼마나 게임을 하는지 질문하는 부모님들께 저는 게임하는 시간에 너무 집착하지 말라고 말씀드립니다. 이미 게임에 맛 들인 아이들이 게임에 머무르려고 하는 시간은 아이가 처한 상황과 어떤 연령인지에 따라, 또 여러분 가정만의 특별한 상호작용 방식과 우리 아이만의 독특한 특성에 따라 천차만별이기 때문입니다. 따라서 다른 아이들이 게임하는 시간과 우리 아이를 비교하는 것은 문제를 해결함에 있어 큰 도움이 되지 않습니다.

 아이가 게임에 머무는 절대적인 시간을 다른 아이들과 비교해 상대적 시간으로 치환하는 과정에서 부모는 오히려 불안감과 조급함을 느끼기 마련입니다. 그 결과 부모는 아이의 게임 사용 시간을 더욱 문제적으로 받아들이게 됩니다. 부모의 불안감과 조급함은 문제의 해결 속도를 더디게 만드는 강력한 원인 중 하나입니다. 이는 부모 스스로 아이와 게임을 같이 하는 것이 시간 낭비라는 생각이 들게 하거나, 우리 아이의 문제는 너무 심각해 절대로 변화할 수 없을 거라는 강한 확신을 만들어내기 때문이죠. 아이의 게임 시간이 또래에 비해 어떠한지 아는 것은, 향후 변화의 정도를 파악하기 위한 기준점이 될 수 있겠으나 그 자체가 게임 문제의 전부이며 해결해야 할 목표로 생각하지는 않으셨으면 좋겠습니다.

'우리 아이는 게임을 좋아하는 평범한 아이다.'

 어렵겠지만 이렇게 한번 생각해보시죠. 우리 가정 상황에 꼭 맞는 솔루션을 찾기 위해서는 내 아이만 특이하다는 생각에서 벗어나셔야 합니다. 게임하는 시간과 무관하게 다른 아이들처럼 게임으로 스트레스를 풀고, 친구들과 어울리며, 자신의 욕구를 충족하는 등 우리 아이는 게임을 즐기며 자신의 삶을 평범하게 살아가고 있다고 생각해주세요.

요즘 많은 아이들이 몰입하고 있는 그 게임을 우리 아이 역시 좋아하는 것이라고 생각하다 보면 여러분이 느끼고 있는 불안감과 조급함을 줄일 수 있을 거예요. 우리 아이의 상태를 비교적 있는 그대로 바라볼 수 있게 될 것이고요. 그리고 당장 해야 할 일이 게임을 무조건 못 하도록 막는 것이 아니라 게임을 아이와 같이 하며 게임 조절 모델이 되어주고, 발달 단계상 도움이 필요한 부분이 무엇인지 발견해 지원해주거나 부모 자신의 내면을 탐색하는 등 문제를 궁극적으로 해결하기 위한 행동이라는 것을 받아들일 수 있게 될 것입니다.

26. 한마음 한뜻으로 함께 애써주세요

 아버님과 어머님 모두 아이와 같이 게임을 하면 좋겠지만 자신이 없거나 바빠서, 혹은 도저히 흥미를 느낄 수 없어서 배우자에게 아이와 게임을 함께 해달라고 요청할 수 있습니다. 부모 둘 중에 누구라도 좋으니 단 한 분만이라도 아이와 게임을 같이 하게 된다면 그동안 게임 때문에 겪었던 다툼과 갈등, 스트레스 등을 효과적으로 해결하실 수 있을 것입니다. 단, 한 가지를 꼭 염두에 두셔야 합니다.

 아이와 게임을 같이 하지 않더라도 **게임이 아이의 삶에서 차지하고 있는 의미가 무엇인지 게임을 직접 플레이하는 배우자와 이야기 나눌 기회를 자주 만들어야 한다**는 점입니다. 더불어 아이를 바라보는 시각이나 문제 해결을 위한 부부의 행동 방향 등을 최대한 일치시키도록 노력해주셔야 합니다. 게임을 하고 있는 아이의 문제를 어떻게 해결할지에 대한 부모 각자의 의견을 조율하지 않은 상태에서 아이와 게임을 같이 하는 행위에만 집중하게 되면 얼마 못 가서 게임을 그만두게 될 수 있기 때문입니다.

 부모 둘 다 게임은 적게 해야만 한다는 일치된 생각을 갖고 있다면, 부모가 갖고 있는 게임에 대한 인식이 부정적일지언정 메시지에는 일관성이 있기 때문에 아이 입장에서는 자신의 행동을 계획하고 미래를 예측하기에 훨씬 수월합니다. 게임을 더 오래 하면 당연히 잔소리를 듣거나 혼나게 된다는 것을 예상할 수 있기 때문에 아이는 게임을 제시간에 맞춰 끌지 아니면 혼나는 걸 감수하면서 게임을 이어갈지 결정하기만 하면 됩니다.

 하지만 부모 중 한 명은 아이가 친구들과 어울리고 스트레스도 풀기 위해 게임을 해도 괜찮다고 생각하는 반면, 다른 한 명은 무조건 부모가 통제해야 한다고 생각하고 있다면 아이는 부모로부터 상반된 메시지를 받게 되기 때문에 누구의 말을 들어야 할지 몰라 혼란스러움을 경험하게 됩니다. 예를 들어 아빠가 게임을 더 해도 된다고 해서 재미있게 즐기고 있는데 갑자기 엄마가 게임 너무 많이 하는 것 아니냐고 잔소리를 한다면, 아이는 부모의 어떠한 메시지를 근거로 행동해야 하는지 확신을 갖기 어려워질 수 있는 것이죠. 아이는 자신에게 유리한 메시지를 주는 사람의 말에 의지하려는 경향이 있는데요. 만약 아이가 판단하기에 게임하는 것을 부정적으로 생각하는 사람이 가정 내에서 조금 더 힘을 발휘하고 있는 사람이라면 게임을 하면서도 언제 불호령이 떨어질까 노심초사하게 될 수도 있습니다.

사람에 따라 게임을 하거나 못 하게 되는 상황이 지속되면 아이는 게임을 못 하도록 자신을 통제하는 부모와 게임하는 자신을 보호해주는 부모를 심리적으로 나누어 다르게 행동할 수도 있습니다. 게임을 통제하는 사람 입장에서 보면 아이가 자신의 이익에 따라 부모를 이용하는 것처럼 보이기도 할 거예요.

부모가 서로의 역할과 해결 방법에 대한 의견을 서로 일치시키지 않은 상태에서 아이와 게임만 같이 하게 되면 결국 게임에 부정적인 인식을 갖고 있는 부모는 시간이 지남에 따라 게임에 허용적인 배우자에게도 불만을 갖게 될 수밖에 없습니다. 이게 다 배우자가 오냐오냐 해줘서 아이가 점점 더 대담하게 게임을 하는 것처럼 느껴지게 되는 것이죠. 아이의 게임 사용에 허용적인 배우자의 태도에 불만이 쌓이게 되면 부부간의 의견 충돌이 반복되어 아이의 게임 문제는 결국 부부간의 갈등으로 확대될 것입니다. 게다가 게임을 허용할지 막아야 할지를 두고 다투는 부모를 보면서 아이는 자책하거나 감정 조절이 안 돼 거친 행동을 하는 등 예상치 못했던 방향으로 문제가 심화될 수도 있습니다.

게임을 함께 하기에 앞서 혹은 게임을 같이 하는 중이라 하더라도 **아이의 게임 문제에 대한 부모 각자의 시각을 서로 공유하고 자신의 양육 태도를 배우자와 조율**하는 과정을 멈추지 않으셨으면 좋겠습니다.

게임을 같이 하는 부모는 아이가 게임을 하면서 겪고 있는 문제를 아이만의 것으로 여기기보다 온 식구가 함께 나서서 노력해야 할 것으로 여기는 사람입니다. 그동안 게임에 부정적이기만 했던 부모 각자의 생각을 변화시키는 것뿐만 아니라 아이 문제에 대처하던 가족 구성원들의 대처 방식도 함께 점검하여 개선하려고 애써주신다면 여러분과 아이 사이에 엉켜있던 감정의 실타래는 천천히 풀려나갈 것입니다. 그리고 점차 회복되어 가는 관계를 바탕으로 아이가 갖고 있었던 부모에 대한 이미지,

부모에게 사용했던 의사소통 방식, 부모의 행동에 대한 반응 등도 조금씩 변화될 수 있을 거예요.

 쉽고 간단한 팁을 얻으려고 책을 펼친 분들께서는 여기까지 읽고 보니 해야 할 게 한가득이라 머리가 복잡하실 것 같습니다. 아이가 성장하며 어느 부분이 덜 발달되어 있는지 고려해야 하고, 단순히 시간을 통제하는 것을 넘어 아이의 자기 조절력을 길러주기 위해 바쁜 시간을 쪼개어 게임도 함께 해야 하기 때문입니다. 또한 아이를 신경 쓰기에도 시간이 모자라는데 부모 자신의 내면도 들여다보고 배우자와 게임을 바라보는 관점을 일치시키려는 노력도 해주셔야 하거든요.

 게임하는 아이를 손쉽게 통제할 수 있는 방법을 찾게 되는 이유는 아마도 아이 문제 외에도 신경을 써가며 해결해야 할 일이 많기 때문일 것입니다. 아이가 그토록 좋아하는 게임 세계를 배우는 시간에 쌓여 있는 일을 더 하거나 잠시 엉덩이를 붙이며 쉬는 선택을 할 수밖에 없었을 거예요.

 여러분이 겪고 있는 고충 충분히 이해합니다. 하지만 아무리 그렇다 하더라도 그동안 취했던 것과 비슷하게 쉽고 간단한 방식으로만 문제를 해결하려 한다면, 상황은 크게 바뀌지 않을 것입니다. 지금까지 아이의 게임 문제를 해결하기 위해 시도해봤던 방법들이 효과적이지 않았다면, **이제는 겉으로 덧난 상처에 약을 바르는 단순한 방식이 아니라 아이와의 관계에 상처가 반복적으로 생겨나는 근본적인 원인에 집중해야 할 때가 아닐까 싶습니다.**

아이를 사랑하는 마음, 배우자와 문제를 함께 해결하겠다는 의지가 가정을 더 나은 상황으로 만들어 갈 것입니다. 지금은 모두가 어려운 시기를 보내고 있지만 식구들의 잠재력을 믿으며 버티고 노력하다 보면 결국 결실을 맺을 수 있을 거예요. 그 믿음으로 변화를 위한 첫걸음을 내디더 보시죠.

EPILOGUE
logout

 나와 우리 아이가 눈에 띄게 달라져야만 변화했다고 할 수 있는 것은 아닙니다. 눈에 보이지 않지만 생각이 조금만 달라졌어도, 없던 의지가 생겨났어도, 미래에 대한 희망의 불씨가 살아났어도 변화된 것입니다.

 게임을 몇 번 같이 했다고 해서 아이의 행동이 눈에 띄게 달라지지 않을 수 있습니다. 그렇다고 너무 조급해하거나, 불안해하지 않으셨으면 좋겠습니다. 이 책에 담긴 여러 내용 중 단 한 가지만이라도 여러분의 마음과 머릿속에 남아 앞으로 어떻게 행동하면 좋을지 하루 종일 고민하게 만든다면, 여러분도 모르는 사이에 조금씩 달라져 있는 나와 아이의 모습을 발견하게 될 것입니다. 제가 여러분에게 전달하고 있는 내용이 각자의 가정의 상황과 꼭 들어맞지 않는다고 해서 지레 포기하지 마시고 인상에 남는 단 하나의 내용만이라도 내면에 간직해주셨으면 좋겠습니다.

책을 쓰면서 저 자신은 부모로서 얼마나 완벽한가를 끊임없이 돌아봤습니다. '나는 우리 아이들에게 긍정적인 본보기가 되어주는 좋은 모델일까?', '아이가 짜증 내거나 말을 잘 듣지 않아도 자라나는 과정이라는 생각으로 그 행동을 잘 수용해주고 있나?', '아이가 또래와 비교해 뒤처진다는 생각이 들 때 내 무의식이 하는 말에 귀를 기울이며 불안을 잘 다스리고 있나?' 하면서요.

돌아보니 저 역시 한없이 부족한 아빠였습니다. 때로는 아이의 상황을 먼저 이해하기보다 내 감정이 앞서 아이를 혼낼 때도 있었고, 아이의 시험 성적이 떨어지면 이대로 두면 안 된다는 불안감에 공부를 더 바짝 시켜야 하는 것 아닌가 하는 조급함을 느낀 적도 있었습니다. 제 몸이 피곤하면 아이 손에 스마트폰을 쥐여줬다가 불현듯 이러면 안 되겠다 싶어 아이가 보고 있던 스마트폰을 급하게 뺏은 적도 있었습니다. 책을 쓰는 내내 '나도 못 하는 걸 책으로 쓰는 게 과연 맞나?' 하는 의문이 끊

이질 않았습니다.

 그런 의문 속에서도 책을 마무리 지을 수 있었던 이유는, 가정의 모습이 망가진 것 같다고 느껴지더라도 언제든 회복될 수 있다는 믿음을 전해드리고 싶었기 때문입니다. 비록 현재의 상황이 어렵고 힘들다 하더라도, 책을 다 읽고 난 후 내 가정의 문제가 회복될 수 있다는 믿음의 씨앗이 여러분 내면에 심어질 수만 있다면, 언젠가 그 믿음이 자라 여러분이 바라는 가정의 모습을 현실로 만드는 데 큰 힘이 되어 줄 것이라는 생각으로 한 자 한 자 써내려갔습니다.

 내가 이상적으로 바라는 아이와의 관계, 부모의 모습은 결코 실현되기 어려울 것입니다. 말 그대로 이상이니까요. 그렇다고 해서 이상을 향해 나아가지 않는다면 지금 이 상황에 머무를 수밖에 없습니다. 완벽한 부모가 되어야지만 완벽한 가정을 이루는 것은 아닙니다. 아이에게 어떤 도움이 될 수 있을지 알고 싶어 이 책을 펼치셨다면, 원하는 가정의 모습으로 향하는 발걸음을 이미 떼신 것이니 멈추지 말고 나아가 보세요.

 여러분 가정의 문제는 여러분만이 해결하실 수 있습니다. 상담사인 저도 아니고, 여러분이 들었던 강연의 강사도 아닙니다. 그 누구보다 아이에 대해서 잘 알고 있고, 아이의 삶에 깊이 있게 개입하고 있으며, 아이들이 가장 의지하고 사랑하는 여러분만이 해결하실 수 있습니다.

 아이의 행동이, 아이와 여러분의 관계가, 그리고 여러분의 삶이 지금보다 더 나아지길 멀리서 응원하겠습니다.

notes_

1. Teens Diary 우리은행 청소년 라이프스타일 보고서 (2025). 우리은행.
2. Li, J. B., Willems, Y. E., Stok, F. M., Deković, M., Bartels, M., & Finkenauer, C. (2019). Parenting and Self-Control Across Early to Late Adolescence: A Three-Level Meta-Analysis. Perspect Psychol Sci. 14(6), 967-1005. https://doi.org/10.1177/1745691619863046
3. 과학동아 3월호. (2024). 청소년 뇌가 중독에 취약한 이유. https://www.dongascience.com/news.php?idx=64948
4. Wahlstrom, D., White, T., & Luciana, M. (2010). Neurobehavioral evidence for changes in dopamine system activity during adolescence. Neuroscience & Biobehavioral Reviews, 34(5), 631-648. https://doi.org/10.1016/j.neubiorev.2009.12.007
5. Arain, M., Haque, M., Johal, L., Mathur, P., Nel, W., Rais, A., Sandhu, R., & Sharma, S. (2013). Maturation of the adolescent brain. Neuropsychiatr Dis Treat. 9, 449-461. https://doi.org/10.2147/NDT.S39776
6. 김영미. (2020). 청소년의 스마트폰 과다사용이 학교적응에 미치는 영향 : 사회적지지와 자기통제력을 매개변수로. 한국산학기술학회지. 20(2), 479-494. https://doi.org/10.5762/KAIS.2020.21.2.479
7. Drummond, A., Sauer, J. D., & Ferguson, C. J. (2020). Do longitudinal studies support long-term relationships between aggressive game play and youth aggressive behaviour? A meta-analytic examination. Royal Society Open Science, 7(7). https://doi.org/10.1098/rsos.200373
8. López-Fernández, F. J., Mezquita, L., Etkin, P., Griffiths, M. D., Ortet, G., & Ibáñez, M. I. (2021). The Role of Violent Video Game Exposure, Personality, and Deviant Peers in Aggressive Behaviors Among Adolescents: A Two-Wave Longitudinal Study. Cyberpsychol Behav Soc Netw. 24(1), 32-40. https://doi.org/10.1089/cyber.2020.0030
9. 게임물관리위원회 홈페이지 참조(https://www.grac.or.kr)

게임, 함께 말고 참전하세요

초판 1쇄 인쇄	2025년 8월 18일
초판 1쇄 발행	2025년 8월 28일

지은이	최정호
펴낸이	이장우
책임편집	송세아
편집	심지연
디자인	theambitious factory
관리 마케팅	이지은 김한다 한주연
인쇄	KUMBI PNP
펴낸곳	도서출판 꿈공장플러스
출판등록	제 406-2017-000160호
주소	서울시 성북구 보국문로 16가길 43-20 꿈공장 1층
이메일	ceo@dreambooks.kr
홈페이지	www.dreambooks.kr
인스타그램	@dreambooks.ceo
전화번호	02-6012-2734
팩스	031-624-4527

이 도서의 판권은 저자와 꿈공장플러스에 있습니다.
이 책은 저작권법에 의해 보호받는 저작물이므로 무단전재와 무단복제를 금합니다.

꿈공장플러스 출판사는 모든 작가님의 꿈을 응원합니다.

ISBN	979-11-993697-1-9
정가	17,800원